本书系华北水利水电大学高层次人才科研启动项目成果

基于SaaS采纳的产业链
协同网络与协同能力评价研究

朱涵钰◎著

中国水利水电出版社
www.waterpub.com.cn
·北京·

内 容 提 要

随着互联网技术的快速发展和应用软件的逐步成熟,SaaS(Software as a Service,软件即服务)受到了全世界的广泛关注并逐步盛行。本书从三个方面展开研究:第一,将产业协同纳入整合的 TOE 和 DOI 理论框架中,并利用 276 份调查问卷的数据实证检验了 SaaS 采纳的影响因素;第二,从 SaaS 产业链成员的角度来说,本书构建了 SaaS 产业链协同模型;第三,在本书所提出的 SaaS 产业链协同模型的基础上,建立了 SaaS 服务产业协同能力评价指标体系,并利用模糊综合评价法进行了实证分析。

本书所涉及的研究内容为 SaaS 服务提供商提供有针对性的服务模式和改善服务质量提供理论依据,也为 SaaS 产业链中各成员提升自身的竞争能力提供了实践基础。同时,针对产业链协同问题的研究结果为政府制定 SaaS 产业政策提供了有益的理论参考。

图书在版编目(C I P)数据

基于SaaS采纳的产业链协同网络与协同能力评价研究/
朱涵钰著. -- 北京 : 中国水利水电出版社,2017.3(2022.9重印)
ISBN 978-7-5170-5291-3

Ⅰ.①基… Ⅱ.①朱… Ⅲ.①计算机网络-应用-产业链-服务模式-研究 Ⅳ.①F263

中国版本图书馆CIP数据核字(2017)第074570号

书 名	基于 SaaS 采纳的产业链协同网络与协同能力评价研究　JIYU SaaS CAINA DE CHANYELIAN XIETONG WANGLUO YU XIETONG NENGLI PINGJIA YANJIU	
作 者	朱涵钰 著	
出版发行	中国水利水电出版社	
	(北京市海淀区玉渊潭南路 1 号 D 座 100038)	
	网址:www.waterpub.com.cn	
	E-mail:sales@waterpub.com.cn	
	电话:(010)68367658(营销中心)	
经 售	北京科水图书销售中心(零售)	
	电话:(010)88383994、63202643、68545874	
	全国各地新华书店和相关出版物销售网点	
排 版	北京亚吉飞数码科技有限公司	
印 刷	天津光之彩印刷有限公司	
规 格	170mm×240mm　16 开本　15.5 印张　201 千字	
版 次	2017 年 6 月第 1 版　2022 年 9 月第 2 次印刷	
印 数	2001—3001 册	
定 价	50.00 元	

前　言

随着互联网技术的快速发展和应用软件的逐步成熟，SaaS (Software as a Service，软件即服务)受到了全世界的广泛关注并逐步盛行。权威机构 Gartner 最新研究报告显示，2013 年全球范围 SaaS 服务的总收入已经超过 121 亿美元，相比 2012 年同期的 100 亿美元的总收入，增长率在 20.7% 左右。尽管 SaaS 服务可以为组织用户创造很大的优势，但许多用户仍对 SaaS 服务保持观望，不愿意采纳这项创新技术。

现有的各类研究和专著多是从不同的理论角度探索 SaaS 采纳的影响因素，例如创新扩散(DOI)理论认为创新技术特性、采纳者特性和传播渠道是影响采纳的关键因素；"技术-组织-环境" (TOE)理论认为技术、组织和环境等方面因素影响了组织用户的 SaaS 服务采纳。SaaS 产业特征与传统产业有所差异，SaaS 产业链协同网络和能力可能对组织用户的 SaaS 采纳起着关键性的决定作用。但是，现有研究忽视了产业因素对组织用户 SaaS 采纳的影响。那么，如何才能构建全面的理论体系来解释 SaaS 采纳的决定因素？从产业视角来看，SaaS 产业链成员之间如何实现协同？从微观价值网视角来看，SaaS 产业链中企业如何均衡投入产出而实现协同？此外，如何全面地评价 SaaS 产业的协同能力？

针对以上科学问题，本书从以下三个方面展开研究，主要工作及结论具体如下。

第一，将产业协同纳入整合的 TOE 和 DOI 理论框架中，并利用了 276 份调查问卷的数据实证检验了 SaaS 采纳的影响因素。结果表明，SaaS 产业发展，如产业协同能力，是影响组织用户

SaaS 服务采纳的重要因素。此外,还发现 SaaS 服务的成本节约性和用户的组织特征(高层支持和企业规模)对 SaaS 服务采纳的影响并不显著。

第二,从 SaaS 产业链成员的角度来说,本书构建了 SaaS 产业链协同模型,通过对信息对称和不对称条件下产业协同博弈均衡的比较分析,发现 SaaS 产业市场中信息不对称的程度的严重性极大地阻碍了产业协同效应的实现。而从协同投入博弈来说,本研究构建了基于价值网的 SaaS 产业链协同投入博弈模型,通过均衡解解析,结果发现,不管 SaaS 服务商对 SaaS 产业链协同投资多少,只有当其他企业认为其对 SaaS 产业链协同的投资不足时,才会主动对 SaaS 产业链协同进行投资。

第三,在本书所提出的 SaaS 产业链协同模型的基础上,建立了 SaaS 服务产业协同能力评价指标体系,并利用模糊综合评价法进行了实证分析。分析结果发现,我国 SaaS 产业链的总体协同能力还停留在中等水平。其中,产业链的管理协同能力水平为中等,产业链的技术协同能力水平为良,产业链的资源协同能力水平为中等。这说明我国当前 SaaS 服务产业协同能力有很大的发展空间,整体的协同效应并没有表现出来。

本书所涉及的研究内容为 SaaS 服务提供商提供有针对性的服务模式和改善服务质量提供了理论依据,也为 SaaS 产业链中各成员提升自身的竞争能力了提供实践基础。同时,针对产业链协同问题的研究结果为政府制定 SaaS 产业政策提供了有益的理论参考。

目　录

第1章　我国云计算产业发展现状

软件及服务(Software as a Service，SaaS)是云计算在应用层的主要实现形式，也是目前占据云计算全球市场份额的主要组成部分，因此在展开针对 SaaS 研究之前，了解我国现阶段云计算产业发展过程、行业发展所处的背景条件及环境以及 SaaS 服务行业发展的概况是非常必要的。本章将首先对云计算技术进行介绍，回顾我国云计算发展经历的不同阶段；而后分别从制度环境和经济环境两个方面深入分析影响我国云计算产业发展现状的外部因素；最后针对 SaaS 服务类型，理清其概念、现状分析以及行业划分。

1.1　云计算技术概述

云计算由美国国家标准与技术机构(NIST)定义为一种新的模式，在这种模式下，用户可以通过网络按需访问可配置的计算资源共享池(例如，网络、服务器、存储、应用和服务)，并且使管理资源的工作量和与服务提供商的交互减小到最低限度。在云计算模式下，企业可以通过接入基于"云"的资源池同时享用云计算强大的计算能力，而仅仅只用按照使用该服务的时间按租用的方式付讫一定的服务费即可。云计算产业中那些众多的云服务提供商，将这种"按需付费"的产品或服务提供给用户。可见，云计算对于用户来说，不但可以减少投资成本，而且可以最大限度地减少管理工作，提高业务流程效率。

根据 NIST 对云计算服务的定义,云计算通常提供三种类型的服务:软件即服务(Software as a Service,SaaS)、平台即服务(Platform as a Service,PaaS)和基础设施即服务(Infrastructure as a Service,IaaS)。SaaS 实际上是一种软件租用模式,SaaS 服务供应商通过网络将 SaaS 应用软件提供给客户使用,在云计算服务的三种类型中,是发展较为成熟的一种。我国一些典型的 SaaS 提供商企业组织,如阿里巴巴就提供基于 SaaS 的云服务。PaaS 模式下,所有的应用是通过 PaaS 供应商提供的平台进行应用开发和执行的。Salesforce.com 公司的 Force.com 平台和微软公司的微软 Azure 平台都是国际上知名的 PaaS 供应商。国内的搜索引擎供应商,如百度也提供 PaaS 服务,允许第三方软件开发商在该平台上创建和售卖软件应用。IaaS 是由服务器、操作系统、存储硬盘以及数据库组成的,目前国外的 IBM、Vmware 和惠普,以及国内华为公司都可提供 IaaS 服务。

基于云的信息技术部署模式与传统的信息服务模式有很大的差别。首先,这种模式所需的初始资本投资额比较小,尤其对中小企业来讲,云计算服务凸显出了它的配置成本的节省性。云服务这种"按需支付"的方式实质上是将信息资源作为一种可衡量的服务或者一种特殊类型的事物。其次,由于云计算服务是利用按需网络接入的手段将用户连接到共享的资源池,这意味着每个人对资源的获取和访问都是无限的。此外,与云计算相关联的弹性级别远高于传统的解决方案,使得用户可以根据自身的需求进行云计算架构的自由伸缩。最后,这种具备技术灵活性和弹性的信息技术解决方案降低了交易成本,为创新技术采纳提供了更多的机会。

云计算不仅代表了微观层面上的一种新的交付和消费模式,同时也意味着在宏观层面上的一种新的商业模式,激发不同的产业变化。新的产业链成员的出现是对传统信息产业链的挑战,传统的信息技术提供商想通过修改和改造现有的业务模式,适应新型技术的出现和发展。从更广的角度来看,从事产业研究的专家指出,云计算技术的发展和蔓延,超越了现有的成熟的信息产业市场,获得了更大的计算资源,成就了产业新成员,造就了又一新兴经济体。

工信部启动的"十三五"纲要,将云计算列为重点发展的战略性产业,规划指出:2014年我国云计算产业的发展思路和工作重点是培育龙头企业,打造完整的产业链;鼓励有实力的大型企业兼并重组、集中资源;发挥龙头企业对产业发展的带动辐射作用,打造云计算产业链。在最近几十年,我国的信息通信技术得到政府的高度重视,包括行业层面的调控,减少垄断、引入竞争环境、国际化、规范化等。云计算作为我国的新兴科技产业,凸显了信息技术的两大优势:信息技术效率和业务敏捷性。在云计算发展的早期,我国明显滞后于工业化国家,而今我国的云计算产业发展正在迅速追赶国际发展的水平。2007年以来,云计算的出现和发展从根本上改变了信息技术服务的开发、部署、更新、维护和支付方式,逐渐改变了中国传统的信息产业的构成。根据中国工业部信息产业网(CNII)的数据显示,2012年中国公有云市场估计价值约为5.616亿美元。如表1-1显示,预计中国的公共云服务市场将保持高于世界平均水平的增长速度。2015年1月,国务院发布《关于促进云计算创新发展培育信息产业新业态的意见》标志着我国对云计算的"十三五"规划已经启动,将迎来我国的云计算创新发展的黄金期。中国软件行业协会估计,2015年我国整体云计算的价值链总值超过1220亿美元[1]。

表1-1 中国和全球公共云计算服务市场的对比

	中国市场	全球市场	中国市场所占比例(%)
2011[1]	2.97亿美元	255亿美元	1.16
2014(互联网数据中心)[2]	7.17亿美元	566亿美元	1.27
2015(互联网数据中心)[2]	10亿美元	729亿美元	1.37
2018(互联网数据中心)[2]	20.51亿美元	1270亿美元	1.62

[1] 弗雷斯特研究公司研究数据　[2] 预测值

1.2 我国云计算产业发展回顾

1.2.1 概念推广阶段

2008 年,IBM 和微软开始通过组织各类研讨会、培训和论坛,率先将云计算技术的概念引入中国市场。其初衷是为了抢先占领中国云计算服务市场,扩张其相关业务。他们一方面积极培育云计算市场需求,一方面与我国政府接触,同时和国内的信息技术企业展开合作,以便更全面地应对云计算发展过程中可能遇到的问题。正是基于这些国际大公司的努力,中国云计算产业的前驱参与者们逐渐认识到,云计算这一新兴的信息技术未来在全球以及在中国发展的必然趋势。

表 1-2　概念推广阶段(2008—2010 年)的关键事件及行业发展推进作用

时间	发起者	事件	推进作用
2008 年 2 月	IBM	IBM 宣布在中国成立第一个云计算中心	提供本地的软件公司,培育与环境
2009 年 1 月	阿里巴巴	阿里巴巴声明第一届电子商务云计算中心成立	中国民营信息技术企业的参与
2009 年 11 月	中国移动	中国移动成立了大云项目,在电信行业建立了大范围的云试点平台	国有信息技术企业的参与
2010 年 1 月	产业联盟	中国云计算技术和产业联盟在北京成立	产业联盟成立,有助于产业参与者的合作与沟通

1.2.2 关键成长阶段

2010 年 10 月,工信部联合发改委印发《关于做好云计算服务创新发展试点示范工作的通知》,确定在北京、上海、深圳、杭州、无锡五个城市先行开展云计算服务创新发展试点示范工作。这五个城市将从医疗、教育、其他公共事业服务行业提供云计算的试点服务。2011 年初,中央政府发布"十二五"计划,提出大力发展新一代信息技术、生物等战略性新兴产业,加强云计算服务平台建设。这个五年计划是云计算产业成长的最关键时期,云计算市场进入成长阶段,产业规模高速增长。工业和信息化部统计数据显示,"十二五"期间,中国的云计算产业规模飞速发展,年均增长率超过 30%,2015 年已达到约 1500 亿元。有业内专家预计,未来相当一段时期内,中国云计算产业将继续扩张,到 2018 年总规模有望达到 8000 亿元。

表 1-3 关键成长阶段(2011—2014 年)的关键事件及行业发展推进作用

时间	发起者	事件	作用
2010 年 10 月	工信部 & 发改委	印发《关于做好云计算服务创新发展试点示范工作的通知》,确定在北京、上海、深圳、杭州、无锡五个城市先行开展云计算服务创新发展试点示范工作	地方政府利用云计算技术支持区域经济的升级
2010 年 10 月	国务院	发布《国务院关于加快培育和发展战略性新兴产业的决定》	云计算被列为战略性新兴产业之一
2011 年	发改委、财政部、工业和信息化部	联合组织实施了"云计算示范工程",投入中央补助资金 6.6 亿元对遴选出的 15 个项目予以支持	中央政府投资云计算发展力度加大

时间	发起者	事件	作用
2011 年	云海论坛	上海多个云计算示范项目率先落地,突破了云计算应用的难题	华东电脑、蒲华基础软件、中标软件、东方通泰、世纪互联等一批企业发布了云计算解决方案与公共服务平台;闸北健康云、青浦区和长宁区电子政务云等一批软件和电子小型企业共同合作,推进云计算示范应用
2011 年 3 月	中央政府	发布《中华人民共和国国民经济和社会发展第十二个五年规划纲要》	云计算技术被中央政府正式认可
2011 年 7 月	科技部	发布《国家"十二五"科学和技术发展规划》	建设国家级云计算平台,引导部门、地方和企业,形成不同规模、不同服务模式的云计算平台,培育发展云计算应用和反服务产业
2011 年 12 月	国务院	发布《加快发展高技术服务业的指导意见》[2011]58 号	云计算产业被明确为未来高技术服务业的主角
2012 年 3 月	中国电信	中国电信建立起专有的云计算分公司	针对公共市场提升云服务
2012 年 5 月	工信部	发布《通信业"十二五"发展规划》	云计算定位为构建国家级信息基础设施、实现融合创新、促进节能减排的关键技术和重点发展方向
2012 年 5 月	工信部	发布《互联网行业"十二五"发展规划》	提出推动云计算服务商业化发展,构建公共云计算服务平台,并专门设立云计算应用示范工程

续表

时间	发起者	事件	作用
2012 年 5 月	工信部	发布《软件和信息技术服务业"十二五"发展规划》	将云计算创新发展工程列为八个重大工程之一,强调加快中国云计算服务产业化为主线,坚持以服务创新拉动技术创新,以示范应用带动能力提升,推进云计算服务模式发展
2012 年 7 月	国务院	发布《"十二五"国家战略性新兴产业发展规划》	将云计算作为新一代信息技术产业的重要发展方向和新兴业态加以扶持,并将物联网和云计算工程作为中国"十二五"发展的二十项重点工程之一
2012 年 9 月	科技部	发布《中国云科技发展"十二五"专项规划》	我国首个部级云计算专项规划,对于加快云计算技术创新和产业发展具有重要意义
2012 年底	地方政府	《成都市云计算鼓励项目投资指南(2012 年)》《无锡市物联网与云计算产业资金管理方法(2012 年)》、广东省《加快推进我省云计算发展意见》的通知	全国近 30 个城市的政府声明在云计算和互联网数据中心投资的项目
2013 年 8 月	工信部	颁布《国家电子政务"十二五"规划》明确提出制定电子政务云计算标准的 18 项规范	云计算标准规范出台

续表

时间	发起者	事件	作用
2013 年 7 月	IBM & 首都在线公司	IBM 宣布与首都在线科技股份有限公司签署公有云长期战略合作协议	公有云的企业推进发展
2014 年 1 月	中国云计算发展与政策论坛	中国云计算发展与政策论坛公布了可信云服务认证首轮评估的情况。阿里巴巴、百度、京东、蓝汛、世纪互联、UCloud、新浪、中国电信、中国移动在内的 10 家云服务商的 20 个云服务通过认证	云服务认证体系形成

1.2.3 成熟发展阶段

2015 年是国内云计算政策集中出台的一年,从 1 月至 9 月,国务院先后出台了三项与云计算密切相关的政策文件,中央网信办也发布了关于党政部门云计算安全管理的文件。云计算产业发展、行业推广、应用基础、安全管理等重要环节的宏观政策环境已经基本形成。

据 Gartner 数据统计,2015 年全球云服务产值突破 1800 亿美元,预计 2017 年将达到 2442 亿美元,未来几年将保持 15% 以上的增长率。而《中国公有云平台白皮书》数据显示,中国云服务市场增速连续几年在 65% 左右,越来越多的企业和厂商正在进行转型,将会进一步拉动云服务市场的快速发展。

表 1-4　成熟发展阶段(2015—2016 年)的关键事件及行业发展推进作用

时间	发起者	事件	作用
2015 年 1 月	国务院	发布《关于促进云计算创新发展培育信息产业新业态的意见》(国发〔2015〕5 号),工业和信息化部针对云计算的"十三五"规划已经启动,我国的云计算将迎来创新发展的黄金期	指导我国云计算发展最重要的政策依据,包含三个重要部署:一是以公共服务为先导,形成产业生态,带动技术创新。二是以电子政务为牵引,带动云计算产业快速发展。三是以布局优化为目标,实现云计算健康有序发展
2015 年 5 月	中央网信办	发布《关于加强党政部门云计算服务网络安全管理的意见》(中网办发文〔2015〕14 号)	为我国党政部门开展云计算应用的安全管理奠定了政策基础
2015 年 7 月	国务院	发布《国务院关于积极推进"互联网＋"行动的指导意见》(国发〔2015〕40 号)	指明了云计算与传统行业结合的方向
2015 年 7 月	国务院	发布《促进大数据发展行动纲要》(国发 50 号)	
2015 年 8 月	中国电信 & 华为公司	华为与中国电信集团公司在 2015 年中国电信云数据中心发展高峰论坛期间,正式签署云计算及大数据战略合作协议	增加了云计算及大数据发展的信心与合作
2015 年 11 月	工信部	《云计算综合标准化体系建设指南》公布云计算 29 个重点标准研制方向	通过"三原则"加速推动我国云计算发展

续表

时间	发起者	事件	作用
2016 年	云计算大会组委会	主题为"技术融合应用创新"的第八届云计算大会在北京隆重召开	我国逐步进入市场的普及。云计算能促进互联网和实体经济深度融合发展,以信息流带动技术流、资金流、人才流、物资流,调整产业结构、转变经济发展方式
2016 年	内蒙古自治区	内蒙古在云计算产业的投资超过 500 亿元,欲打造成亚洲最大的云计算数据中心产业基地	云计算与内蒙古的结合其实是一次产业与资源优势互补,不仅促进通信企业的升级发展,更会推动内蒙古地区经济发展和产业结构的转型升级
2016 年	阿里云	阿里云发布《数据安全白皮书》	首次公开阿里云在保障 230 万用户数据安全方面建立的流程、机制以及具体实践办法

1.3 我国云计算产业现状分析

1.3.1 云计算产业发展的制度环境

我国云计算产业的出现和发展、制度的制定以及现阶段的整体制度环境有着密切的联系。制度实际上是"行业规则"的体现,包括正式的约束(例如,国家宪法、行业法规和商业规则等)和非正式的约束(例如,行为标准、商业协议以及一些组织内部的行为规定等)和执行这些规则的特征[2]。以往的研究中一些典型的制度的实例包括:政府法规、行业制度以及非政府组织,比如行业联合会在制度环境中充当的角色。Scott 在 1995 年提出对制度环境的解读应围绕三个核心[3]:(1)调控性制度;(2)标准性制度;(3)认知性制度。这三个方面分别从"法规的强制执行""道德责任"和"认可态度激发的自觉履行"的视角对行业商业行为进行评价[4]。

这里需要强调的是,目前学术上在区分"标准性制度"和"认知性制度"上还存在不同的观点。一些学者认为,"标准性制度"和"认知性制度"的区别是非常模糊的[5],在"认知性制度"标准较高时,该制度是趋近于"标准性制度"的[6]。也有一些观点认为,目前亟待约定具体的标准来区别"标准性制度"和"认知性制度"[7]。

Scott 提出的"标准性制度"和"认知性制度"多指非正式性的制度和非正式的约束和标准。Galtung 认为,针对个人来说,非正式性约束和标准可以分成两种类型:一种是"制度标准",即社会系统内的其他成员对个人的约束;另一种是"内在标准",即个人主观的标准对自身的约束。这种强调制度和内部标准划分的思路也反映了 Scott 的"标准性制度"和"认知性制度"的思想,它是从制度的外部和内部角度来说明标准的约束来源。

以下将根据 Scott 和 Galtung 的理论视角,将来自于外部社会系统的制度标准视为"标准性制度",将内部标准视为"认知性制度"。

1. 调控性制度

· 政府调控

很多的研究指出国家法律和法规是影响云计算技术扩散的主要影响因素。国家法律和法规实际上就是指调控性制度,它包括明确的制度流程、政策环境、监督监控和违规约束手段。

2010 年,我国就将云计算产业列为国家重点培育和发展的战略性新兴产业。2015 年,国务院下发《关于促进云计算创新发展培育信息产业新业态的意见》,意见提出,到 2017 年,云计算在重点领域的应用得到深化,产业链条基本健全,初步形成安全保障有力,服务创新、技术创新和管理创新协同推进的云计算发展格局,带动相关产业快速发展。到 2020 年,云计算应用基本普及,云计算服务能力达到国际先进水平,掌握云计算关键技术,形成若干具有较强国际竞争力的云计算骨干企业[8]。

2011 年,国家发改委、财政部、工信部批准国家专项资金支持云计算示范应用,支持资金总规模高达 15 亿元,首批资金下拨到北京、上海、深圳、杭州、无锡 5 个试点城市的 15 个示范项目。2012 年《"十二五"国家战略性新兴产业发展规划》出台,将物联网和云计算工程作为中国"十二五"发展的二十项重点工程之一,云计算产业规模得到快速发展。

此外,国家还利用财政补贴、减免税收以及其他财政激励手段来辅助云计算产业的发展。一些地方政府,比如重庆市、南京市、北京市都很重视云计算技术和数据中心建设,相继出台各种补贴手段来吸引云计算商家在该地区开展业务。重庆自 2010 年推出"云端计划"以来,云端产业方面已经形成"5+6+800"的世界级产业集群和生产基地。云产业方面,规划范围 11.4 平方千米的"两江国际云计算产业园"已吸引太平洋电信数据中心等云计算基础设施项目入驻。一些国内知名的信息行业企业(腾讯、中国电信、浪潮集团等)、国外软件公司(微软、亚马逊、惠普等)、台湾地区的计算机制造商(明基)、香港地区提供数据中心业务公司(香港亚太环通)以及日本的信息和网络技术提供商(NEC)等都已进驻重庆云计算产业园[9]。

另外值得一提的是位于河北省张家口市张北县的张北云计算产业园。该园区规划占地约 7500 亩,主体投资 196.4 亿元。该产业园吸引阿里北方云、中国教育云数据基地等 7 个大数据、云计算项目入驻,将建设 150 万台服务器的云计算产业园,五年后云计算产业规模将达千亿元[10]。

· 隐私与安全法规

　　云计算带来的数据隐私和跨境数据流动等问题已经引起了全球的共同关注。一是云计算业务采用的数据托管和资源租用的服务模式带来了数据和用户隐私保护、滥用云计算服务等方面的问题。二是云计算系统中数据的大规模聚集和跨境流动,带来了法律法规的适用性、数据的外泄和主控权等问题。尤其是在"棱镜门"之后,云计算这种大量数据通过网络存在云服务提供商中的业务形式,再加上美国在云计算领域的主导地位,使各国更加重视对云计算的跨境流动监管。

　　由于各国在立法上对数据保护的水平参差不齐,跨境数据转移中的个人数据保护成为跨境数据流动的主要障碍之一。欧盟制定了对欧盟以外国家的个人数据保护评估标准,若成员国依据标准认定第三国不具备一定的水平,原则上禁止向这些第三国或地区转移个人数据和资料。国际电信联盟(ITU)、万国邮政联盟(UPU)以及国际标准化组织(ISO)消费者政策咨询委员会等国际组织制定了一系列的标准和政策框架用以保障个人数据的隐私权利不受侵犯。欧盟自1996年开始关注数据保护问题,并且目前在欧盟区实行的《数据保护指令》是相关法律中十分有代表性的一部法律[11]。

　　我国的数据隐私权保护的相关立法是远远滞后的。受传统大陆法系的立法影响,在很长时间内,我国的《民法通则》并没有单独对隐私权进行规定,在实务当中则多利用对名誉权的保护对隐私权进行间接的保护。虽然在2010年颁布实施的《侵权责任法》中,我国第一次在现行法中独立确认了隐私权受到法律保护,但是仍然缺乏具体的法律规定。同时,在互联网已经完全普及的今天,我国对网络隐私权的保护还缺乏明确的说明和规定,只是在一些相关的法规和政策性文件之中做出了部分规定。如信息产业部2000年发布施行的《互联网电子公告服务管理规定》第十二条规定:"电子公告服务提供者应当对上网用户的个人信息保密,未经上网用户同意不得向他人泄露,但法律另有规定的除外。"同年发布的《全国人大常委关于维护互联网安全的决定》之中规定："利用互联网侮辱他人或捏造事实诽谤他人及非法截取、修改、删除他人的电子邮件或者其他数据资料,侵犯公民通信自由和通信秘密的,可以构成犯罪,依法追究刑事责任。"上述条文在一定的程度上确立了对网络用户的隐私权提供法律保护,并在一定程度概括了侵犯网络隐私权的行为类型,为网络隐私权的保护提供了一定的依据,但是并不足以应对现今网络侵权的复杂环境。

云计算环境下的隐私权保护虽然与网络环境下的隐私权保护有极大的相似性,但是二者毕竟并不完全等同。在传统网络环境下不会出现的文件没有物理隔离,数据能被无授权的他人随意获取,侵权发生地和权利人以及侵权人所在地适用法律不一致等情况都会引发新的法律问题。在我国,这些方面的规定仍然是一片空白,云环境下的隐私权法律保护仍然处于立法管理严重缺位的状态[12]。

2. 标准性制度

标准性制度多指那些"规定的""评估性的"以及"义务性的"的规定,多数来源于专业机构和社会组织团体。

· 行业组织和非政府组织

国内云计算相关的行业组织和非政府组织的整体能力还很薄弱,在整个国家的制度建设中其影响作用微乎其微。相比国际上其他国家,行业组织和非政府组织的参与有比较大的差距。例如,印度的全国软件和服务企业协会和数据安全委员会都是该国的行业组织,在加速云计算技术发展和应对数据安全和隐私保护方面发挥了积极显著的作用[13]。然而,行业联合会的角色在我国云计算产业的发展中并未起到相应的作用,已有的研究指出公众意见在信息通信技术产业的规则制定方面的影响是呈下降趋势的[14]。

· 内部组织和社会影响

依附理论认为,组织是存在于更大的组织网络和社会网络内的实体单位,其发展受周围各组织和社会的正式或非正式的压力和影响[15]。在云计算产业中的价值传递网络中,云计算服务供应商和用户都是承受压力和影响的主要角色[16]。已有的研究表明,任何两个组织间的行业关系实际上是各组织所利用的不同技术之间适应程度的反应,也可以说是两者之间技术距离远近的体现[17]。纵观我国的云计算市场,不论是个人还是组织,对该新生技术的使用热情和积极性都在不断增长。正因如此,我国公众对国内各企业和组织利用该技术并应用到各领域的趋势是持支持态度的。例如,在更好地利用云计算技术、发展大数据业务方面,中国石化公司就面临着公众社会的压力。公众期望该公司能够借助这些新技术更高效地跟踪和管理其业务、分析大众需求、降低排放、提升各业务指标,提供给大众更高质、高效、更经济的石油产品和相关服务。

3.认知性制度

认知性制度是通过组织和个人对云计算相关的问题所做的决策来塑造相应的约束条件,也就是建立在决策者的心理地图的基础上的。认知性制度的内容与内部标准有关(例如,价格关注度和面对 IT 外包的偏好),与社会以及专业团体的责任无关。

- 价格关注性

新技术引进的成本是影响云计算技术扩散的关键因素。我国在云计算技术引进和实施的过程中,这种特点更是明显。尤其对中小企业来说,对价格的关注度尤为显著。根据麦肯锡 2014年的研究报告中指出,中国企业平均花费在 IT 方面的总费用约占企业总收入的 2%,仅为全球水平的一半。一项专门针对我国中小企业的实证研究结果表明,绝大多数的企业主认为企业在电信服务方面花费的成本过多,其中 24% 的调查企业表示他们更关注价格因素。虽然,云计算技术可以为组织提供超高的计算能力和运算速度,借助这种弹性服务提高企业生产及管理的有效性和高效性,但是,这种创新型工具并未成为企业面临改革时的首选。

更多的企业关注的是业务流程优化、生产效率提高和费用节约。除了对价格关注以外,企业主们在采纳云计算时还关注技术引入的难易度、低价格以及安全性等因素。

· 对 IT 外包的不同态度

利用云计算技术就意味着要将组织内的 IT 部分外包。出于对数据安全和整体利益的考虑和担忧,我国的多数企业在应用这项技术时犹豫不定。这是因为,采纳云计算技术可能会造成企业对自己的 IT 部分的业务丧失主控权。而这些因素正是多数的国有企业关注的重点因素。不仅如此,国有企业还非常重视数据安全问题,同时对云计算服务的提供商的服务水平持观望态度。正是因为这些因素,大量国有企业面对云计算服务的市场发展,迟迟未采取任何行动。在中国,中小企业采纳云计算技术的速度和力度远超大型企业。

表 1-5 我国云计算产业发展制度因素

因素	解释
调控性制度	
1. 政府调动云计算行业以及相关信息技术行业的资源	· 政府对云计算行业的投资是促进云计算产业发展的重要因素
2. 数据安全、隐私和信息控制法律法规	· 欠缺隐私和数据保护的相关法规
标准性制度	
1. 行业组织和非政府组织	· 管理力度不足 · 行业联合会的作用不明显
2. 内部组织和社会影响	· 来自客户、供应商以及产业链中其他各角色的压力
认知性制度	
1. 价格关注性	· 中小企业更倾向低价
2. 对 IT 外包的不同态度	· IT 外包阻碍云技术采纳

1.3.2　云计算产业发展的经济环境

在产业经济学中,衡量一个产业的发展应考虑与其相关的产业之间的联系,包括和其前向的联系和后向的联系。其中,前向联系是指通过影响另一种产品供给的容易程度而发生的联系,如同产业发展的"需求拉力"。而后向联系是指通过影响对其他产业的需求,如同产业发展的"供给推力"。下面的分析即是从这个理论的视角出发,分析目前云计算行业发展中供需的现实状况。

1. 前向链接

· 行业拉动

云计算技术已经在我国不同的产业和组织中使用,并应用在那些非常重点的商业功能方面,比如,医疗健康、农业、制造业、安全、金融、能源、教育、政务等。例如,我国天健科技集团与 IBM 合作,共同开发基于 IBM 云计算架构的区域医疗信息化解决方案,提供低成本、易管理且可以按需灵活扩展的信息共享平台,为新医改的实施提供有力的技术支持。[18]另外,网络游戏行业 2013 年在全球创造了 140 亿美金的总产值,它同样为云计算产业的发展提供了有力的前向链接。为了抓住这一商机,阿里巴巴集团于 2014 年宣布成立基于云平台的网络游戏平台。一般来说,对于游戏公司来说,转换业务过程和商业模式的压力是巨大的。但是云平台配置有效地帮助了游戏公司,盛大公司通过增强游戏运营业务的自动管理,降低了 80% 的数据中心的成本[19]。

· 中小型企业的应用

云计算的潜能降低了中小型企业在采纳该项新技术时的门槛。绝大多数的中小型企业都已实现网络接入,但并未使用与通信、合作以及商业应用相关的先进技术。云计算的出现,使这些企业使用先进信息技术成为可能,但通常情况下,相比于从其他资源途径去应用高新技术却是难以承受和负担的。面对如此具有发展潜力的新技术,我国政府认为云技术是将这些高新技术以成本有效方式提供给中小企业应用的机会。数据显示,2013 年我国中小型企业花费在基于云技术相关的通信、合作和商业应用技术的成本相比同年增加了 54%[20]。

2. 后向链接

产业的发展离不开后向链接的支持。我国对云计算产业发展的主要的后向链接包括技术研发和超级计算机产业的支持。

- 互联网普及率的进步

信息和通信技术普及率。联网计算机、手机和其他设备的使用是使用云服务的先决条件。云的出现改变了信息功能的交付、价格和消费的模式。云可以帮助平衡现有的信息和通信技术投资、系统和基础设施。手机和网络的高普及率是关系到云技术发展的重要因素,尤其是由于对移动云技术的应用来说,更加明显。2013 年智能手机用户超过 7 亿人,有 5.3 亿人使用手机访问互联网[21]。根据工信部发布的信息显示,截至 2015 年 2 月,我国有12.9 亿移动手机用户。2015 年初,大约有 3/4 的移动手机为智能手机,占总的手机销售额的 90%[22]。以往的研究显示,农村地区缺少基本的服务覆盖能力。在我国,城镇地区的互联网普及率大约是农村地区的互联网普及率的四倍。

- 可用带宽的支持

云计算的基本思路是云端和高计算能力的计算机的计算和存储都将通过高带宽连接来管理资源。高带宽可以更好、更有效地利用云资源。根据国际通信联盟(ITU)2011 年的信息发布,2013 年我国的固定宽带普及率达 12%,低带宽在中国的农村地区仍旧是亟待解决的问题,这也就影响了云计算在农村地区的增长[23]。

根据德国一家市场统计公司公布的 2013 年第一季度全球互联网网速排名数据,韩国以平均 17.2 Mb/s 的网速继续排名世界第一,日本排在第二位,为 11.7 Mb/s。而我国内地的平均网速只有 1.7 Mb/s,这与排名第一的韩国 17.2 Mb/s 以及排名第二的日本 11.7 Mb/s 相比,相差将近 10 倍。中国网速的全球排名是在第 98 位,远远落后于全球 3.1 Mb/s 的平均网速[24]。

· 数据中心的建设

我国云计算行业的发展方式就是将云计算数据中心建在超级计算机产业发展基地周边。例如,2009 年 12 月中国首家主要的商业运营的云计算中心"成都云计算中心"开通运营。该中心由"成都超级计算机中心有限公司"建设,由曙光 5000 超级计算机系统作为云计算服务后端支撑平台。类似的,深圳云计算中心主机系统于 2012 年 1 月正式完成验收,由星云超级计算机系统作为云计算服务后端支撑平台。另外,长沙云计算中心于 2011 年开始运营,由中国国防科技大学研制的天河 1 号超级计算机系统作为云计算服务后端支撑平台。

同时,国内企业一直在云计算数据中心技术研发方面努力,展开了很多的工作。2011 年初,中兴在南京占地 10000 平方米的云计算中心,共具有 3000 余位研发技术人员。2012 年,华为集团安排 6000 多位员工也从事云计算研发工作并承接一些相关项目。中国移动集团于 2007 年开展了云计算研究项目,2014 年在苏州成立了研发中心,计划组建员工数在 3000~4000 之间。

国际上也有很多大企业纷纷将云计算研发相关的工作安排在中国进行。比如说,IBM 公司的上海研发设施将云计算的使用放在首位。IBM 正在承接一项云计算科研项目,研究有关中药有效性的数据分析。最后,中国和外国科技人员在有关云计算技术研发活动的合作显现出增长的趋势。

表 1-6　我国云计算产业发展经济因素

因素	解释
前向链接	
1.行业拉动	· 千亿元的市场规模吸引 · 行业云计算应用的巨大潜力 · 政务云应用的拉动和蔓延
2.中小企业应用	· 云计算的成本节约性的吸引

因素	解释
后向链接	
1. 互联网普及率的进步	• 智能手机和网络的高普及率促进了云计算的终端使用扩散 • 城市和农村的互联网普及率的差异
2. 可用宽带的支持	• 相比发达国家,中国的互联网速度仍旧偏低 • 城市和农村的带宽可用性的差异
3. 数据中心的建设	• 超级计算机技术的支持 • 数据中心建设资源的整合

1.4　SaaS 服务及行业划分

早在 20 世纪 90 年代末,按需软件应用交付模式就以不同的形式出现了,如应用服务提供模式(Application service Provisioning,ASP)和业务服务提供模式(Business service Provisioning,BSP)。这些概念的共同之处在于,以需求为导向的应用服务模式为企业或个人用户提供网络接入,实现用户对资源和硬件设施的调用以及对覆盖企业业务链的各种复杂应用的整合。但由于早期的 ASP 模式并不是将用户作为一个群体来进行服务设计,而是针对单个用户定制应用软件,服务供应商并没有将信息技术的基础层和应用代码层共享给用户,也就造成了 ASP 模式低收益性的尴尬现象。SaaS 的出现,打破了 ASP 模式的技术局限性,同时也有效弥补了 ASP 模式的收益缺陷。在 SaaS 的新型多用户架构中,在服务供应商的服务器中仅存在一套标准的代码和数据结构,服务提供商将针对不同客户的配置需要,灵活进行应用功能的配置。

SaaS 的概念是由美国一家从事云计算行业的公司 Salesforce.com 在 2003 年首次提出的。在过去的二十年间,从传统软件产品的形式发展至按需提供软件的形式,又从一对一的 ASP 模式到一对多的 SaaS 模式。这些转变改变了软件产业的结构,同时对整个信息技术产业的发展起着重要的作用。Kaplan 认为 SaaS 模式产生的原因主要来源于两个方面:一是由于客户在传统软件应用使用过程中凸显出的局限性;二是由于在线软件功能交付所需的技术条件日趋成熟。在 SaaS 模式下,服务提供商借助网络为不同的用户提供软件服务,免除了用户在其终端安装和运行软件的过程。这种模式下,用户实际并不拥有软件产品本身,即省去了购买软件版权的费用,取而代之的是需要按照其对该服务的使用量交纳相应的服务使用费。有了 SaaS,应用的配置工作和保证软件每天正常运行的工作都由 SaaS 服务提供商负责。正是 SaaS 服务的这一特点使得它以传统软件市场六倍的发展速度快速增长。

　　随着美国众多企业在 SaaS 商业领域中取得的成功(例如,Salesforce,WebEx,Microsoft,Amazon 等),国内企业(例如,八百客、用友、金蝶、Xtools 等)也纷纷效仿这些跨国大公司在 SaaS 经营过程中的成功经验和理念,形成了国内 SaaS 产业发展的雏形。表 1-7 列举出了当前活跃在 SaaS 产业中具有一定影响力的国内外 SaaS 服务提供商以及这些企业提供的具体服务范围。

表 1-7　SaaS 服务提供商及其服务范围

	SaaS 软件服务提供商	服务范围
跨国企业	Saleforce	CRM,AppExchange 应用程序(补偿管理、销售智能分析、网络会议等)
	Google	个人级的普通 SaaS 服务(搜索、地图、视频、照片、社交网站、Gmail、日历和文档);企业级服务 Google App(企业版 Gmail、日历、文档、论坛、协作平台、视频)
	WebEx	在线会议、培训及远程技术支持
	Microsoft	微软 Office, CRM

	SaaS 软件服务提供商	服务范围
本土企业	800App	CRM、协同办公、进销存、员工管理、招聘管理、供应商管理、房产中介管理
	阿里软件	电子商务平台、系统安全、通用办公、协同安全、备份存储、图形图像、通信服务等
	友商网	会计服务、进销存服务、企业商铺
	金算盘	eERP(进销存管理)、ePortal(电子商务活动网络门户)、eTools(即时通信、网络会议、在线支付等,支持 eERP 和 ePortal 应用)、OA(办公管理)
	用友网	网站管理、财务管理、网络分销管理
	神马在线	CRM、财税管理、办公服务、杀毒

1.4.1 SaaS 的概念

SaaS(Software as a Service,软件即服务)是云计算三种服务中的一种。它是在应用软件的成熟和互联网技术发展的基础上发展而来的一种崭新的软件应用模式。许多学者对 SaaS 这一新的软件应用模式进行了阐述和定义,这些描述有很多相似之处。

方东认为"SaaS 是一种完全创新的软件应用模式",他提出 SaaS 模式与"应用服务提供商""按需软件""托管软件"等概念有相同的特点。SaaS 模式中,应用软件是被统一部署在服务提供商自己的服务器上,由服务提供商全权负责软件的维护和管理的。用户不必购买和维护软件,只需简单地通过互联网获得软件租用的服务。[25]

胡斌和吴满琳提出"作为一种利用互联网平台提供软件服务的应用模式,SaaS 可以使企业获得其需要的软硬件及其维护服务,通常来说,用户可以首先享受一段时期的免费试用服务,接着企业可以租赁所需的软件服务,采用按时付费的方式,从而与传统软件销售的模式完全不同"[26]。

Katzan 和 Dowling 认为"作为一种新兴的软件服务模式，SaaS 通过在线租用软件等方式开展业务，从而使人们开发、销售、购买及使用软件的方式得到彻底改变"[27]。这个观点在国外专家对 SaaS 的观点中非常具有代表性。

基于学术界目前对 SaaS 的诠释，我们从用户的视角出发，归纳出 SaaS 模式的特色及其存在的优点和缺点[28，29]。

表 1-8　SaaS 模式的特色及其优缺点

特色	优点	缺点
1.服务提供商与用户关系发生变化	1.拿来即用	
2.互联网访问性	2.无须维护	1.依赖互联网
3.按需收费或按使用模块收费	3.随时可用	2.数据的安全性
4.快速简洁的交付	4.按需使用	3.数据的保密性
5.用户个性定制	5.成本节约	

1.4.2　SaaS 发展现状

1.SaaS 是云计算服务的三种重要类型之一

云服务可以被看作基于云计算的系列服务解决方案的集合，它主要是通过互联网来实现计算执行、数据存储和软件服务[30]。云计算可以代替用户在硬件设备上进行操作，而用户又不需要实际拥有硬件或对其进行操作，这种模式实际上也就是云服务的一种应用模式。当用户将数据输入到云中，数据经过云服务提供者进行处理之后再发送回用户。因此，云计算可以实现以较低成本和更高扩展性为用户提供按需服务。Goscinski 和 Brock[31] 指出在云端存在的云计算资源可以表现为多重形式，例如数据库服务、虚拟服务器、服务工作流程或者分布式计算机资源的配置。更重要的是，基于云计算的云服务可以使企业用户从开发和维护内部的大型信息系统的重担中解脱出来,将主要精力集中于其核心商业活动,并通过云服务应用提升核心竞争力[32]。云服务不仅有助于企业提升企业业绩和竞争能力,同时还通过信息技术交付和应用云服务这种方式为企业提供了一种新型的商业模式。

总的来说,云服务包含三种类型:基础设施即服务(IaaS)、平台即服务(PaaS)和软件即服务(SaaS)。在这三种服务类型中,SaaS 成为企业用户提高其信息技术业绩方案中潜在和重要的选择[33]。SaaS 通过互联网将应用功能以一种服务的形式交付给用户[34]。在 SaaS 模式下,用户可免于购买、安装、更新或维护设备的费用成本,取而代之的是借助电脑、手机或其他设备,以有线或无线方式连接到互联网,通过在线软件使用文本、表格、日历和其他应用,并根据使用时间的长短以及享受服务的内容向提供软件服务的 SaaS 供应商支付一定的租金。SaaS 服务提供商通过将应用软件部署在云端服务器中,为用户提供使用软件所必备的软件以及硬件和网络支持。用户不必再为日常维护和升级软件而耗费管理和运营成本,而是可以更简便地通过互联网调用和操作其订购的软件产品,同时实现数据存储的功能。

2. SaaS 受到了全世界的广泛关注并在全球市场迅速发展

近年来,随着互联网技术的快速发展和应用软件的逐步成熟,SaaS 受到了全世界的广泛关注并逐步盛行。经权威机构 Gartner 报告结果显示,2013 年全球范围的广义云计算市场收入年增长率高达 18%,总收入额达 1317 亿美元[35]。Gartner 预测全球范围的广义云计算市场将在 2017 年超过 2442 亿美元,在今后的几年中将以超过 15% 的年均增长率继续上升[36]。在云服务的三种类型中,SaaS 服务的市场份额远远领先于 PaaS 和 IaaS 的市场份额。按照 Garnter 的报告数据显示,2013 年全球范围 SaaS 服务的总收入已经超过 121 亿美元,相比 2012 年同期的 100 亿美元的总收入,增长率在 20.7% 左右。Garnter 预测,按照当时 SaaS 市场的发展速度,2015 年全球范围 SaaS 服务的总收入将有可能超过 213 亿美元[37]。经过近十年的发展,美国 Digital Insight、WebEx Communication、NetSuite、Salesforce 等企业已经推出了功能强大、用户体验良好的 SaaS 产品,SaaS 利用率不断提高,在全球市场获得了长足发展。

3.SaaS 在中国市场发展仍处于起步阶段

与国外相比,中国 SaaS 市场发展仍处于起步阶段。从 2004 年发展到如今的这十几年间,国内的很多公司经历着从一开始单纯模仿国外 SaaS 模式到实现 SaaS 服务本土化落地并产生一定的商业效益的过程。当前存在的国内 SaaS 市场中,比较具有代表性的 SaaS 服务企业包括:阿里软件、八百客、金蝶、金算盘、用友等。与此同时,那些 SaaS 业务发展相对成熟的外资企业 IBM、Oracle、Microsoft 等也在这几年间陆续进驻中国 SaaS 市场,与国内企业一起,共同推动 SaaS 产业的发展,并取得了不错的进展[38]。SaaS 模式在企业信息化建设中常被用于在线 CRM(Customer Relationship Management,客户关系管理)、在线 ERP(Enterprise Resource Planning,企业资源计划)、在线 AIS(Accounting Information System,会计信息系统)、在线 SCM(Supply Chain Management,供应链管理)和在线 EHR(Electronic Human Resource,人力资源电子信息化)等在线管理软件[39]。

1.4.3　SaaS 行业划分

基于前人对 SaaS 行业分类的研究成果,殷秀功[40]从企业产品特点及应用模式和服务对象两个方面对 SaaS 行业进行了分类。

1.按照企业产品特点及应用模式分类

(1)应用软件提供企业,以提供应用软件为主营业务,具有代表性的软件服务有:在线翻译、在线杀毒、网络会议以及即时通信软件等。

（2）Web 商业运营提供企业，具有代表性的服务产品有：在线 B2C、在线 B2B、在线 C2C 以及企业建站等。

（3）Web 商业管理软件服务商，具有代表性的服务有：在线 ERP、在线 CRM、在线 HR、在线会计服务等。

表 1-9　按照企业产品特点及应用模式划分的 SaaS 行业

		业务类型	典型产品
SaaS 行业划分	应用软件提供商	在线翻译	Google 翻译、金山词霸等
		在线杀毒	瑞星杀毒、KV3000 杀毒、360 杀毒等
		网络会议	Webex、亿米通等
		即时通信	QQ 等
	Web 商业运营商	B2B	阿里软件、铭万、慧聪等
		B2C	当当网、卓越、PPG、京东商城等
		C2C	淘宝、易趣等
		建站主机域名	铭万、万网、中企网等
	Web 商业管理软件服务商	在线 ERP	金算盘、速达软件等
		在线 CRM	Salesforce、阿里软件、Xtools 等
		在线 HR	铭万、八百客等
		在线会计	友商、用友伟库等

2.按照服务对象划分

SaaS 行业还可以按照不同服务对象进行分类[41]，如表 1-10 所示。

表 1-10　按照服务对象不同划分的 SaaS 行业

服务对象	代表服务	使用方式	服务商收入方式
企业	ERP、财务、CRM 等商务服务	自由定制	销售收入
个人	QQ、金山词霸、瑞星杀毒等	服务商提供	销售收入及广告收入

当前,中国 SaaS 模式还处于萌芽阶段,但是由于我国目前有 4200 万家企业,其中绝大部分属于中小企业,因此 SaaS 在国内具有广阔的发展空间,而且相关研究显示,有 46.7% 的中小企业有意采用 SaaS 模式,已使用过此模式进行信息化的中小企业中,基本满意程度以上的所占比例超过 70%[42]。

1.5　本章小结

我国的云计算产业发展正在迅速追赶国际发展的水平。自 2007 年至今分别经历了云计算产业的概念推广阶段(2008—2010 年)、关键成长阶段(2011—2014 年)以及成熟发展阶段(2015 年至今),其发展主要受制度环境和经济环境因素的制约。我国云计算产业发展的制度环境主要由与云计算产业发展相关的一系列调控性制度、标准性制度、认知性制度构成。而经济环境主要由前向需求拉动力(包括行业拉动和中小企业的需求)以及后向支持力量(包括互联网普及率的进步、可用带宽的支持以及数据中心的发展)。SaaS 作为云计算通常提供三种类型的服务之一受到了全世界的广泛关注并在全球市场迅速发展。

第 2 章　SaaS 研究综述

本书是基于 SaaS 服务采纳来对 SaaS 产业链的协同问题展开深入的讨论。对此,本章首先就这一主要研究内容、技术路线和创新之处进行介绍,然后再按照研究的逻辑顺序对现有研究进行文献回顾。在文献综述部分,首先对现有 SaaS 服务采纳的实证文献和理论文献进行回顾,并分析和总结现有研究的不足;然后分别对 SaaS 产业链和产业链协同的理论研究现状进行回顾;最后综述价值网相关理论研究。

2.1　研究内容和技术路线

2.1.1　研究内容

现有研究从不同的理论角度探索 SaaS 采纳的影响因素,例如创新扩散(DOI)理论的学者认为创新技术特性、采纳者特性和传播渠道是影响采纳的关键因素;基于"技术-组织-环境"(TOE)理论的学者认为技术、组织和环境等方面因素影响了组织用户的 SaaS 服务采纳。然而,SaaS 产业特征与传统产业有所差异,SaaS 产业链协同网络和能力可能对组织用户的 SaaS 采纳起着关键性的决定因素。但是,现有研究忽视了产业因素对组织用户 SaaS 采纳的影响。那么,如何才能构建全面的理论体系来解释 SaaS 采纳的决定因素?从产业视角来看,SaaS 产业链成员之间如何实现协同？从微观价值网视角来看，SaaS 产业链中企业如何均衡投入产出而实现协同？此外，如何全面地评价 SaaS 产业的协同能力？

针对以上研究问题，本书从以下三个方面展开研究，主要工作及结论具体如下。

第一，将产业协同纳入整合的 TOE 和 DOI 理论框架中，并利用了 276 份调查问卷的数据实证检验了 SaaS 采纳的影响因素。结果表明，SaaS 产业发展，如产业协同能力，是影响组织用户 SaaS 服务采纳的重要因素。此外，还发现 SaaS 服务的成本节约性和用户的组织特征（高层支持和企业规模）对 SaaS 服务采纳的影响并不显著。

第二，从 SaaS 产业链成员的角度来说，本书构建了 SaaS 产业链协同模型，通过对信息对称和不对称条件下产业协同博弈均衡的比较分析，发现 SaaS 产业市场中信息不对称的程度更加严重，从而阻碍了产业协同效应的实现。而从协同投入博弈来说，本研究构建了基于价值网的 SaaS 产业链协同投入博弈模型，通过均衡解解析，结果发现，不管 SaaS 服务商对 SaaS 产业链协同投资多少，只有当其他企业认为其对 SaaS 产业链协同的投资不足时，才会主动对 SaaS 产业链协同进行投资。

第三，在本书所提出的 SaaS 产业链协同模型的基础上，建立了 SaaS 服务产业协同能力评价指标体系，并利用模糊综合评价法进行了实证分析。分析结果发现，我国 SaaS 产业链的总体协同能力水平还停留在中等水平。其中，产业链的管理协同能力水平为中等，产业链的技术协同能力水平为良，产业链的资源协同能力水平为中等。这说明我国当前 SaaS 服务产业协同能力有很大的发展空间，整体的协同效应并没有表现出来。

本书拟定分为九个章节来完成对基于 SaaS 服务采纳的产业链协同网络与协同能力评价的研究。

第 1 章为云计算产业发展现状，首先对云计算技术进行介绍，回顾我国云计算发展经历的不同阶段；而后分别从制度环境和经济环境两个方面深入分析影响我国云计算产业发展现状的外部因素;最后针对 SaaS 服务类型,理清其概念、现状分析以及行业划分。

第 2 章为 SaaS 研究综述。本书是基于 SaaS 服务采纳来对 SaaS 产业链的协同问题进行研究的。对此,第 2 章首先提出本研究的研究问题,阐明本研究的研究意义、研究内容、研究思路、技术路线构和主要创新点。然后按照研究的逻辑顺序对现有研究进行文献回顾。先界定 SaaS 的概念,并对其行业进行初步划分;再对现有 SaaS 服务采纳的实证文献和理论文献进行回顾,并分析和总结现有研究的不足;最后该章分别对 SaaS 产业链和产业链协同的理论研究现状进行回顾;最后,综述了价值网相关理论研究。

第 3 章为组织用户的 SaaS 服务采纳影响因素模型构建。本章在"技术-组织-环境(TOE)理论框架"的基础上,将"产业协同"纳入 TOE 模型之中,从产业链协同的角度对 SaaS 采纳的影响进行考量,提出了 TOIE 理论模型,并将其与"创新扩散理论(DOI)"模型进行整合,建立了影响 SaaS 采纳因素的模型,从创新技术感知、技术特征、组织特征、产业发展以及市场环境五个角度来探讨 SasS 采纳的决定因素,构建出基于组织用户的 SaaS 采纳决定因素的理论模型,并提出了十一个研究假设。

第 4 章为面向组织用户的 SaaS 服务采纳实证分析。通过大规模问卷调查收集相关数据,并利用因子分析、回归分析等统计分析方法和 SPSS 软件对理论模型和相关假设进行实证检验。以期得出实践活动中影响组织用户采纳 SaaS 服务的有效因素。最后,对这些有效的影响因素进行原因分析并得出相应的实践建议。

第 5 章为 SaaS 产业链及其内部成员间协同模型。本章在对 SaaS 产业链的形成和关键技术产生的系统的梳理和分析的基础上,首先对 SaaS 产业链的构成及其存在的协同问题进行系统的分析,构建出 SaaS 产业的一般产业链结构,并对产业链中的各个组成因素进行了分工定义,对 SaaS 产业的环境进行了层级的划分。在理清目前产业链的结构和环境因素以后,本章以 SaaS 服务提供商与网络服务提供商为例构建了 SaaS 产业链成员协同模型,分析成员之间的协同关系,为理解 SaaS 产业链协同提供有益启示。

第 6 章构建了基于价值网的 SaaS 产业链协同投入模型。产业链中各成员之间的协同关系是错综复杂的,如果还继续停留在链条式结构视角下去分析产业链和其中各成员的分工合作模式,就显得捉襟见肘了。因此,本章试图以价值网的理论为基石,利用博弈分析方法,来讨论 SaaS 产业链协同投入问题,通过构建基于价值网理论的 SaaS 产业链协同投入博弈模型,进一步补充理解 SaaS 产业链协同问题。

第 7 章对 SaaS 产业链协同网络模型进行深入分析,构建 SaaS 产业链协同能力评价体系。通过评价体系的各项指标来检验当前 SaaS 产业的协同能力水平。

第 8 章是基于前文对云计算及 SaaS 产业发展的分析,选取我国云计算产业发展的三个不同省份,北京市、重庆市和河南省进行发展现状的描述,以及针对不同地区的实际产业发展条件,提出相应的云计算产业发展的建议。

第 9 章为结论和对策建议。基于前文的分析,得出本研究的结论。并针对这些结论,为企业和政府提出对策和建议。另外,针对本研究的不足,指出未来研究的方向。

结构安排	本文研究框架
第1章	研究背景及意义 研究内容、框架 研究综述
第2章	SaaS模式分析　　产业链协同理论　　价值网理论
第3章	组织用户的SaaS服务采纳影响因素模型构建 SaaS采纳理论选择　　SaaS采纳理论模型构建　　SaaS采纳设计提出
第4章	面向组织用户的SaaS服务采纳实证分析 问卷设计和数据收集　　模型效度和信度分析　　研究结论及分析
第5章	SaaS产业链及内部成员协同模型构建 SaaS产业链结构分析　　SaaS产业链协同网络分析　　SaaS产业链内部成员间协同模型
第6章	基于价值网的SaaS产业协同投入博弈模型构建 基于价值网的SaaS产业链的价值分析　　基于价值网的SaaS产业链的关键环节与协同效益分析　　基于价值网的SaaS产业链协同投入博弈模型
第7章	SaaS产业链协同能力评价体系构建 SaaS产业链协同效应评价指标体系的建立　　SaaS产业链协同效应的模糊评价模型　　SaaS产业协同效应评价结果分析
第8章	各地区云产业产业发展状况及建议 北京市云计算产业发展现状和建议　　重庆市云计算产业发展现状和建议　　河南省云计算产业发展现状和建议
第9章	结论和建议

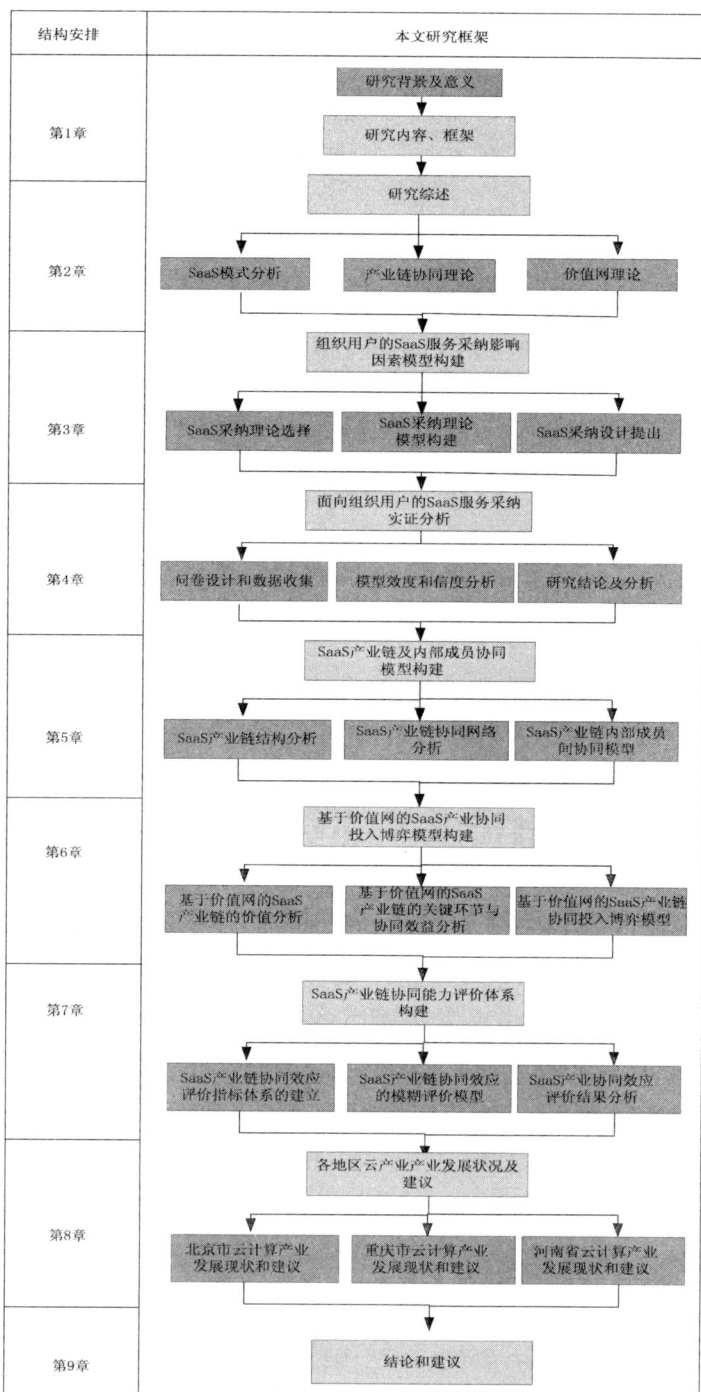

图 2-1　研究内容

2.1.2　技术路线

本书的研究针对不同研究内容的需要，分别采用文献检索、典型企业调研、理论归纳、逻辑推理、大样本问卷调查、统计分析等研究方法，并利用 SPSS 统计分析软件对相关数据进行计算。主要运用的方法和技术路线如图 2-2 所示。

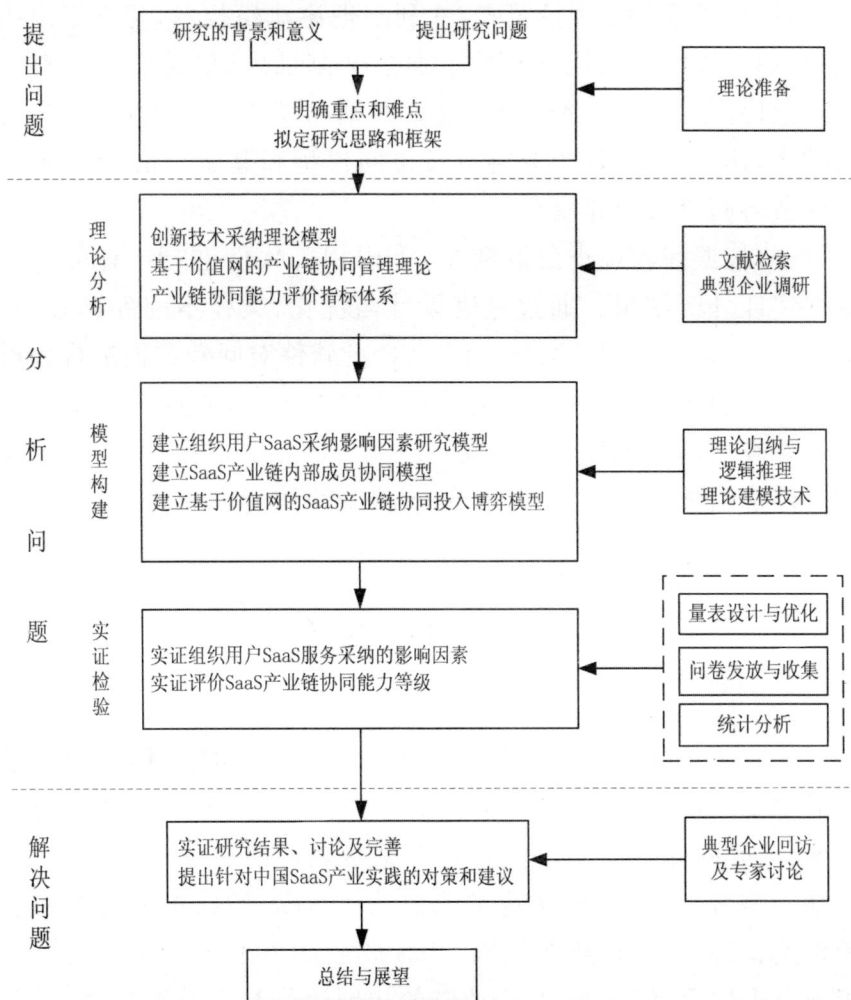

图 2-2　研究路线图

（1）结合文献检索、典型企业调研和案例分析的方法，对下述内容进行研究:分析了本研究研究的背景和意义,提出了研究的主要问题,明确了研究的重点和难点,并拟定了本研究研究的思路和框架,构建了基于价值网的 SaaS 产业链成员协同模型和 SaaS 产业链协同能力评价指标体系。

(2)通过文献综述,结合理论归纳与逻辑推理方法、理论建模技术,对下述内容进行研究:通过文献综述,明确了 TOE 和 DOI 理论范式,通过理论归纳与逻辑推理方法将产业发展纳入 TOE 范式,提出了 TOIE 理论范式,并利用理论建模技术,建立了组织用户 SaaS 采纳影响因素模型。通过文献回顾,借鉴学者们对其他产业协同网络的研究,利用理论归纳与逻辑推理方法、理论建模技术,建立了 SaaS 产业链成员协同模型和基于价值网的 SaaS 产业链协同投入博弈模型。

(3)根据问卷调查获取数据,采用相关软件进行统计分析以获取实证分析结果。通过量表设计与优化、大样本问卷调查,获取了 SaaS 采纳的相关数据,利用 SPSS 软件对问卷数据进行分析以获取影响 SaaS 采纳因素的实证结果。同时,通过专家访谈和问卷调查,获取 SaaS 产业协同创新能力的相关数据,并利用模糊综合评价和相关软件,计算出 SaaS 产业协同能力的具体结果。

2.2　研究意义

从前文分析可知,SaaS 技术和 SaaS 产业发展是影响用户采纳的重要因素。要解决上述问题,一方面,要充分关注企业用户对 SaaS 产品的不同要求,例如,大型企业可能更关注 SaaS 的安全性和兼容性,中小型企业可能更关注 SaaS 的成本节约性和易操作性。另一方面,还要依靠 SaaS 产业链条上各参与方共同的积极合作配合,促进 SaaS 产业链的协同运作与高效发展,实现整个产业的可持续发展。只有 SaaS 产业链不断发展壮大,让用户可以随时随地使用 SaaS 服务,SaaS 模式才能成功,才能提高用户的使用意愿,并通过用户的使用,降低行业的投资风险,从而形成良性循环。因此,应该从技术、组织、环境、产业等微观和宏观两个视角,对 SaaS 影响因素及产业链协同问题进行详细的研究和剖析。

本研究的理论意义在于:第一,将产业协同纳入技术-组织-环境(TOE)理论框架之中,分析了产业协同能力对 SaaS 服务采纳的影响,将 TOE 扩充为 TOIE 理论模型,并结合创新扩散理论(DOI),建立了影响 SaaS 服务采纳因素的一个整合模型,对原有 SaaS 服务采纳影响因素模型进行了深入研究和拓展,丰富了 SaaS 采纳的现有研究。第二,本研究构建了 SaaS 产业链成员协同博弈模型和价值网视角下 SaaS 产业的协同投入博弈模型,首次从不同的角度分析了 SaaS 产业链协同问题,为构建 SaaS 产业链协同网络提供理论依据和管理启示。本研究构建的 SaaS 产业链成员协同模型是以 SaaS 服务提供商与网络服务提供商为例,分析成员之间的协同关系,这对于理解 SaaS 产业链之间的协同关系具有重要意义。从协同投入博弈来说,本研究构建的基于价值网的 SaaS 产业链协同投入博弈模型,解释了 SaaS 产业链成员之间的协同投入博弈,丰富和扩展了 SaaS 产业链协同网络。第三,基于 SaaS 产业协同网络模型,从管理协同、技术协同和资源协同三个方面建立了 SaaS 服务产业协同能力评价指标体系,并利用模糊综合评价法进行了分析,为政府制定 SaaS 产业政策提供了有益的理论参考。

本研究的实践意义:本研究从促进 SaaS 采纳的角度出发,系统地分析了 SaaS 产业链结构以及产业协同发展能力,使 SaaS 产业呈现出一个更加清晰明朗的概貌,为 SaaS 服务提供商更有针对性地制定服务开发策略提供了可靠的理论依据。此外,本研究分析协同发展模式,探寻产业协同的发展规律和趋势,建立未来 SaaS 产业协同模式模型,并对产业协同过程中需要控制的关键因素进行分析,在分析的基础上提出解决措施和建议,对于 SaaS 模式在组织用户中的应用及未来的发展道路具有现实指导意义。

2.3 研究的创新点

本书的主要目标在于从产业协同视角重新审视 SaaS 采纳的决定因素，为 SaaS 产业协同实践提供政策建议，提升我国企业 SaaS 采纳的水平。本研究的创新之处在于以下四个方面。

第一，本研究将产业协同纳入 TOE 理论框架，创新性地提出了"技术-组织-产业-环境"（TOIE）理论模型，并结合创新扩散理论（DOI），构建了全面的理论模型来理解 SaaS 服务采纳的影响因素。与以往研究不同，本研究创新性地提出从产业视角来考虑 SaaS 采纳的决定因素，这是对原有 SaaS 服务采纳影响因素模型的深入和拓展，有助于进一步完善 SaaS 采纳决定因素的理论框架，同时为产业视角的 SaaS 采纳研究进行了尝试性的初步探索。

第二，本研究的实证结果发现 SaaS 服务的成本节约性和用户的组织特征对 SaaS 服务采纳的影响并不显著，这一结果挑战了现有研究的实证结论，本研究提出从企业规模视角来解释实证研究中的新发现。从成本节约性来看，这种 SaaS 模式对成长中的企业随着业务的发展来进行扩展，可能会产生更多的附加成本；而对于高管支持来说，类似于软件服务这样小范围的应用可能并没有上升到企业战略的层面，高层支持与否也就没那么重要；由于大中型企业资源丰富，更倾向关注 SaaS 服务的安全性和可靠性，但目前 SaaS 服务的安全性和可靠性还有待提高，这就造成大企业用户持续观望的现象。

第三，本研究构建了 SaaS 产业链成员协同模型和价值网视角下 SaaS 产业的协同投入博弈模型，首次从不同的角度分析了 SaaS 产业链协同问题，为构建 SaaS 产业链协同网络提供理论依据和管理启示。本研究构建的 SaaS 产业链成员协同模型是以 SaaS 服务提供商与网络服务提供商为例，分析成员之间的协同关系，这对于理解 SaaS 产业链之间的协同关系具有重要意义。而从协同投入博弈来说,本研究构建的基于价值网的 SaaS 产业链协同投入博弈模型,解释了 SaaS 产业链成员之间的协同投入博弈,丰富和扩展了 SaaS 产业链协同网络。

第四,本研究建立了 SaaS 服务产业协同能力评价指标体系,有助于保证模型的科学性和把握现实实践中 SaaS 产业系统的障碍。一方面,保障了模型的客观性和科学性,自检模型是否能达到预期的效果,以便进一步完善模型,提高研究成果的准确性、科学性和易实施性;另一方面,能够更准确把握 SaaS 产业系统发展现状和发展中存在的阻碍,以便为产业发展协同提出建设性意见和建议,更有利于组织用户采纳 SaaS 服务。

本研究为 SaaS 服务提供商提供有针对性的服务模式和改善服务质量提供理论依据,也为 SaaS 产业链中各成员提升自身的竞争能力提供实践基础。同时,针对产业链协同问题的研究结果为政府制定 SaaS 产业政策提供了有益的理论参考。

2.4　SaaS 采纳研究综述

2.4.1　SaaS 采纳主体的界定

个人用户或组织用户对一种新型技术从开始认知到接受实施的整个过程就是采纳,这一说法实际上是从执行采纳行为的主体的视角对新技术应用的一种定义。采纳行为按照参与对象可分为三类:个体行为、群体行为和组织行为。在 SaaS 服务采纳领域中,不同类型的用户在采纳 SaaS 服务时的方式和目的是不一致的。组织用户是这三类用户中行为方式比较稳定,目标性强的采纳主体,因此在把握其用户的行为时相对较容易。由于组织用户的目的性强,因此研究适用于这类用户的 SaaS 服务采纳显得非常重要。研究针对组织用户的 SaaS 服务采纳会意义重大。

2.4.2　SaaS 采纳国内外研究现状

本研究沿用了 Webster 和 Watson[43]文献综述中的"核心概念"为纲的方法论。使用关键字"软件即服务""应用服务提供商"和"云外包",我们在数据库中识别出了 367 篇和 SaaS 服务相关的文章。查找的数据库包括:IEEE 论文、科学引文索引(自然科学版)、全球开源期刊数据库、经济管理全文数据库、ACM 数字图书馆、IEEE 期刊、社会科学引文索引、Emerald 管理全文期刊数据库、计算机协会、SciVerse 科学索引(爱思唯尔)和中国知网。而后从中筛选出信息行业评审的期刊和在高层会议发表的文章,如信息系统国际会议(ICIS)和欧洲信息系统年会(ECIS),精选出49 篇文献。经过对每一篇文章的摘要的阅读,发现与本研究相关的仅为 17 篇。未被筛选到的文献主要涉及以下几个方面:SaaS 供应商的利润和可持续性[44,45];SaaS 服务管理[46,47];SaaS 软件设计[48,49]。

SaaS 服务和传统的软件市场在很多方面都有着差别,包括软件的所有权,服务器的位置、实施成本、自动化程度、生产智能、法律责任以及合同期限[50-55]。Sambamurthy 等人表示,SaaS 带来的是一种模式的转变。借助这个转变,用户要充分利用资源和能力,有效地应对日益增长的市场需求和电子商务的要求[55]。目前已经有大量的研究着眼于 SaaS 和 ASP 的采纳问题[56-72]。

有关 SaaS 采纳的文献主要涵盖三大块内容:经济节约和战略考虑、质量保证和风险关注、应用领域。

(1)在经济节约和战略考虑方面,通过对约 200 名 IT 经理的问卷调查,Jayatilaka 运用交易成本原理、资源依赖理论和决策过程的知识管理理论,构造了一个 ASP 采纳的四阶段模型[71]。随着 SaaS 的发展,Loebbecke 和 Huyskens 研究发现,战略管理因素比交易成本经济因素与 SaaS 的采用更加相关[73]。类似的,Wu证明了成本和收益是对 SaaS 采用至关重要的因素[66]。Bibi 等人强调,传统的软件开发专注于产品定制,并将其作为市场创新的手段,而基于云平台的发展制约了这种定制,节省了运营总成本[59]。

(2)在质量保证和风险关注方面,Choudhary 从理论的角度,将 SaaS 与传统软件的软件质量做了对比。他发现,在多数情况下,SaaS 的授权模型在 SaaS 开发过程中需要大量的投资。相对于传统软件来说,这部分投资将带来更高的软件质量。类似的,Fan 研究了 SaaS 与传统软件之间的竞争,发现服务操作成本对 SaaS 供应商供应的软件质量的提升能力有着很大的影响[74]。Limam and Boutaba 研究构架了一个有关评估软件服务的质量和信赖度的模型[67]。Benlian 开发了用于预测美国市场中 SaaS 采纳的六维模型(六维包括:可靠性、功能性、响应性、灵活性、安全性和适应度)[75]。Du 等人开发了一个类似的四维模型(四维包括:易用性、安全性、可靠性和响应性)用于中国市场[57]。在 SaaS 采纳的风险和机遇方面,Benlian 和 Hess 发现,成本优势和安全风险是影响 IT 管理人员采纳 SaaS 主要因素[76]。Martens and Teuteberg 通过分析对不同 SaaS 供应商提供的服务选择所产生的成本和风险,推导出了一个数学决策模型[60]。沿着这一思路,Lansing 指出,在 SaaS 采纳中,有关质量保证的云服务认证是非常必要的[56]。

(3)还有很多有关 SaaS 采纳的研究集中在其应用领域。Godse and Mulik 采用层次分析法(AHP)来筛选 SaaS 提供商[77]。Limbasan and Rusu 提出利用 SaaS 服务来帮助房地产企业用户进行有效的客户关系管理[65]。Stuckenberg 进行了三项有关 SaaS 供应商的探索性实证研究,指出 SaaS 供应商正致力客户业务运营的兼容性的发展[78]。Benlian 指出,基于 SaaS 的办公软件时间价值和数据可恢复性都比传统的办公套件有着显著的优势,如谷歌文档[58]。Xu 描述了制造业如何有效采纳云计算[61]。在教育机构中,Mousannif 等描述了私有云如何向学生、工作人员和教师们提供教学和学习平台[79]。可见,研究者对 SaaS 的采纳已经覆盖了不同的工业领域和业务领域。

2.4.3 SaaS 被采纳的影响因素

尽管许多的 SaaS 服务提供商都声称 SaaS 服务可以为企业用户创造很大的优势，然而还是有很多企业一直持观望态度，不愿意采纳这项新型技术。导致这一现象的原因是多方面的，排在首位的还是源于 SaaS 技术相关的问题，如安全和隐私问题、服务质量保障问题、技术实施难易度问题等。

（1）事实上，云服务的任何一种类型（SaaS，PaaS 和 IaaS）都存在其安全和隐私方面的问题，将会导致不同层次的安全隐患[80]。例如，对那些需要采用企业资源计划（ERP）软件系统来管理企业内部资源的公司来说，如果选择在线的 SaaS 服务模式，就意味着他们不得不将那些涉及公司财务信息、客户数据以及销售机密等的信息存储在 SaaS 服务提供商的服务器上。面对如此的商业风险，每个企业都会仔细衡量分析。一些有实力的企业宁愿考虑使用传统模式下的 ERP 软件，即便传统模式的使用成本可能会高于 SaaS 在线服务的成本，但是从数据安全性和可靠性的角度考虑，这些极度敏感和私密的业务信息的稳定性可以得到保证。

（2）用户对 SaaS 服务的质量水平表现出种种质疑。SaaS 服务的特点打破了面对面的服务交付模式，取而代之的是通过互联网这种媒介实现，因此企业用户总会担心，当出现网络服务或服务器硬件发生紧急故障的情况时，服务的持续性和可靠性将如何得到保障。尤其是这些故障发生牵连到企业核心数据业务的时候，如果造成了商业损失的后果将如何补救或维权。同时，在软件服务功能中断时，SaaS 服务商如何在尽量短的时间内完成故障识别、故障处理、客户反馈这一系列的行动，如何帮助企业用户挽回因为故障而产生的运营损失和工作效率下降的风险，这些问题都是用户们担忧的问题。

（3）企业对如何将 SaaS 这种基于云计算的创新性技术服务模式高效、顺利地在企业现有 IT 协同进行融合实施产生疑问。企业用户会担心 SaaS 技术与企业现有的信息系统、技术基础以及信息技术人力等方面的匹配程度。不仅如此，企业在考虑这项新型技术类型时更倾向于获得与自身业务和行业匹配的软件服务。然而这些要求一直都是困扰 SaaS 服务商的难题。

此外，最新研究还发现 SaaS 产业发展方面也存在问题，如产业标准缺失、产业发展战略缺乏、政府推广力度不足等。第一，就产业标准而言，目前的 SaaS 产业标准的制定和应用的缺失是 SaaS 发展中一个较大的阻碍。SaaS 是一种基于云服务的创新性信息技术服务模式，要想建立 SaaS 服务供应商与用户之间的信任，就离不开对其服务水平以及服务范围等一系列标准的约束。通过将这些约束条件纳入服务水平协议中，有参照性地确立用户和服务提供商之间形成的服务契约关系，将非常有助于用户建立对 SaaS 服务水平的信心指数。SaaS 产业服务标准应当量化那些在商业实践中潜在的风险，如在出现服务器硬件故障、用户的数据泄露或遗失、服务速度不稳定等问题的情景下，用户的权益如何保障，损失如何计算。另外，不同 SaaS 服务商之间如何进行迁移，数据如何集成等也都是目前所存在的大问题。"如果这些问题不能解决，用户对于使用 SaaS 服务肯定会有疑虑，难以接受。第二，就产业发展战略而言，目前我国云计算产业发展的大环境也是影响 SaaS 产业发展的一个重要的原因。工信部研究院的陈阳[81]提出，目前云计算产业发展缺乏统筹规划，缺少从国家层面的统筹协调。SaaS 作为云计算中的一种服务模式，云计算产业的现实条件和存在的问题同样对 SaaS 产业的发展具有类比性。SaaS 产业市场中现存的市场结构失衡、企业之间各自为政、竞争格局逐步加剧等问题都印证了目前在产业发展中缺少能为 SaaS 产业的发展做出统筹规划这种具有指导性作用的角色。如果 SaaS 产业没有通过统一的发展战略思路的引领，自然会阻碍其产业规模化发展，降低产业整体的竞争力和服务水平，进而影响

SaaS 服务的用户群对其服务质量的满意度和接受度。第三,政府推广的力度不足也是制约 SaaS 产业发展的一个重要原因。在 SaaS 服务中,增强用户信心,建立"SaaS 优先"思维是关键。然而,目前的 SaaS 服务的主要服务对象还集中在中小企业群体中间,对于政府和国有大型企业对这种新型信息技术的态度还非常谨慎,SaaS 服务的社会化应用还很有限。日本政府在确立了大力发展云产业战略之后,率先投入巨资为中央政府直属机关建立电子行政云,同时将云服务推广到医疗系统、电力系统、金融系统多个接近民生的窗口性单位,大大提高了全民对云服务的认知,建立了企业和群众对云服务这一概念的认知。相比于这些 IT 产业发达国家,我国在云服务推广方面的力度还非常有限。

2.5 SaaS 产业链和产业链协同的理论研究现状

2.5.1 产业链的相关理论研究

产业链的理论思想起源于 17 世纪中后期,由西方古典经济学家亚当·斯密(Adam Smith)首次提出有关分工的理论,并以"制针业"和"毛纺业"为例子,对产业链的功能进行描述。他认为"生产一种制造品所必要的劳动,往往是由许多劳动者共同完成的。"这一产业链理论是从制造企业的视角,讲述企业在现有内部资源条件下,如何通过对外部供应的原材料进行一系列的生产和加工,最后形成产品并实现销售的过程[82]。此后,马歇尔将产业链理论进行了进一步的扩展,关注企业与企业之间的分工协作活动。而后,赫希曼又于 1958 年在《经济发展战略》一书中对产业链的内涵进行了论述,分别从产业的前向联系及后向联系两个视角对产业链进行了详细的分析[83,84]。

通过文献检索发现,西方学者运用"产业链"(英文搜索关键字"Industry Chain"或"Industrial Chain")这一概念进行学术研究的资料少之又少。国外学者更倾向于运用价值链和供应链的理论对产业进行系统研究。

价值链的概念是由迈克尔·波特于 1985 年提出的,他在其自著《竞争优势》一书中描述到,企业的价值创造是通过一系列互不相同但又相互关联的生产活动构成的。这个不断实现价值增值的动态过程就是价值链。[85]基于迈克尔提出的价值链概念,学术界后来又衍生"虚拟价值链""产业价值链"和"价值网"等新的理论概念。从产业链和价值链的概念来看,二者的相似之处在于这两个概念描述的链条上的要素都具有共同的特点,要素之间存在一定的联系和依存关系。价值链从本质上仅仅从微观层面关注了贯穿于整个生产链或者生产活动过程中的有关价值产生和增加的过程和原因。

类似的,供应链的概念也是从微观层面,从扩大生产的角度发展而来的。它通过对企业组织架构与产业链中供求关系的描述,构架出企业内部操作过程和运营方式。马歇尔·费希尔认为,供应链是一种链状或者网状结构,存在在这一结构中的各要素(例如,外部资源供应商、制造商、分销商、零售商、顾客等)与其上游或下游的要素之间存在着特定供求关系[84]。产业链内部的联系实质上是企业与企业之间的联系,而供应链理论实际上是从微观层面就产业链中企业之间分工协作的方式和内容进行阐述,因此对供应链的分析是产业链分析中必不可少的部分。

基于以上的理论回顾发现,虽然产业链、价值链和供应链的观察层面有所区分(产业链更偏宏观层面,而价值链和供应链偏微观层面),但这三者之间也有着共通之处。从产业链的概念来看,企业在实现产品销售的过程中需要分别和上游企业以及下游关系进行价值和物质的交换。还以产业链理论最初提出的制造企业为例,制造企业为获取上游企业提供的原材料(即物质)就需要和上游的原材料提供商进行价值交换。经过制造企业对原材料的加工形成产品,即产生了价值增值。制造企业通过向其下游用户企业销售,在此实现物质和价值交换。当然,在整个物质和价值的交换过程中,还包含了有关产品、市场或者销售等一系列信息的交换。由以上分析可以看出,供应链和价值链其实是贯穿在整个产业链和产业生产活动中的重要链条。

尽管产业链的思想起源于西方经济学,但是国外在研究产业链的问题上还主要是以研究价值链和供应链为主的。这一现象说明,国外对产业链的研究尚未成熟。根据邹春燕对国内外产业链理论研究概述的研究发现,产业链理论是在 20 世纪 90 年代初由我国学者傅国华在研究海南热带农业课题时第一次提出的[83]。目前国内针对产业链的研究主要集中在三个方面:第一,有关产业链基本理论的研究,包括对产业链的概念定义、分类方式、形成机制、要素组成等方面进行分析。例如,刘贵富和赵英才的《产业链:内涵、特性及其表现形式》[86]、潘成云的《解读产业价值链兼析我国新兴产业价值链基本特征》[87]、王秀丽的《生态产业链运作机制研究》[88]等。第二,有关产业链整合模式的研究。这类研究覆盖各类行业,以不同的视角对产业链的层次结构、构建模式和整合路径等问题进行分析,以求找出最优产业链结构和整合模式。例如,孙春晓和卜庆军的《基于企业核心竞争里的产业整合模式研究》[89]、赵红岩的《基于全球视角的区域产业链整合对策》[90]、陈朝隆的《区域产业链构建研究》[91]。第三,有关产业链纵向关系治理的研究,包括产业链纵向关系治理模式的影响因素、产业链纵向协作和组织关系。例如,张雷的《产业链纵向关系治理模式研究》[92]、于立宏的《基于产业链效率的煤电纵向规制模式研究》[93]和侯淑霞的《乳品产业链纵向组织关系优化整合的保障体系研究》[94]。

邹春燕在对产业链相关的研究整理分析后认为,产业链实质是一个典型的具有中国特色的经济学理论。国外学者大多都从微观层面的"价值链"和"供应链"的角度对产业链进行分析,因此对产业链在国外的研究还处于几乎空白的水平,在研究产业链时,很难找到适当的外国文献进行参考和借鉴。而对国内学者来说,通过上述有关产业链研究的三大方面,已初步形成了产业链理论的框架结构,但就其深度和广度来说,还需要进行更多的补充和实证支持。

2.5.2　SaaS 产业链的相关理论研究

基于以上对产业链相关理论的研究综述可以看出,目前国外学术界对产业链的研究非常有限,尤其是针对信息产业、云计算及与 SaaS 服务产业链的研究极为欠缺。由于国内的产业链研究的产业覆盖范围还主要集中在第一产业和第二产业的范围内,针对第三产业的产业链理论更加稀少。仅有的一些关于 SaaS 产业链的文献中,一部分学者主要是针对 SaaS 商业模式做一综述性分析,另一部分学者则是从 SaaS 的服务链、供应链的角度分析其产业价值驱动。例如,霸主提出 SaaS 产业具备产业链的属性,政策、资本、人才、硬件、软件到服务形成了一条完整的产业链[95]。郭彦丽和严建援结合 SaaS 企业案例分析,总结归纳出了 SaaS 模式下两种不同的服务供应链的链式结构和网络结构[96]。张权(2012 年)在构建 SaaS 商业模式之前,首先对 SaaS 价值网络生态系统进行了分析。根据价值创造过程中价值网络参与者联系程度的不同,可将 SaaS 价值网络生态系统分为核心网络、辅助网络和基础网络。核心网络包括 SaaS 运营商、软件提供商、软件集成商、硬件提供商、竞争者、替代者、广告商、信息咨询商和用户。辅助网络包括知识服务及中介机构、基础设施提供商和科研机构。基础网络包括经济机构和技术经济环境[97]。冯小宁分析了在信息技术变革的影响下,从传统的软件产业与 SaaS 模式之间产业链、生态圈和价值链的机构变化[98]。黄桂梅在分析 SaaS 运营模式时,阐述了 SaaS 产业链要素组成和人群层次结构。她指出,SaaS 运营模式的产业链主要由 SaaS 客户群、SaaS 的运营、用于服务的软件或产品这三个要素组合而成。SaaS 向客户提供服务,客户向 SaaS 支付租金,这是 SaaS 基本的运营模式[99]。陈波构建了一种以 SaaS 服务运营商为核心的 SaaS 软件服务链,把上游的软件开发商和下游的软件消费者紧密地联系起来[100]。由此可见,目前学术界还未出现针对 SaaS 产业链的形成过程、要素分析、价值和物质交换过程以及产业链各成员之间的关系发展等问题进行的系统研究和深入分析。

2.5.3　产业链协同理论

"协同"可以解释为合作或协作的意思。从系统学的观点来看,系统中各成员要素或各子系统通过相互合作或共同作用对整个系统的稳定性和有序性产业推进的效果就是协同。存在于系统各成员要素之间的非线性互动联系会产生协同效应和相干作用,从而促使系统更有序运行[101]。在 20 世纪 70 年代由德国物理学家赫而曼·哈肯(Hermann Haken)第一个提出了"协同"的概念,并创立了学科。他认为,"协同"主要反映的是复杂系统中子系统间的协调合作关系。1977 年,赫而曼·哈肯出版了《协同学导论》一书,建立了协同学的基本理论和框架[102]。1991 年,他出版了另一重要著作《协同计算机和认知——神经网络的自上而下方法》,将"协同学"的理论扩展到计算机科学和认知科学中。

"协同效应"是由安索夫于 20 世纪 60 年代首次提出的。这一理论的提出标志着协同理论经济学含义的确立。安索夫认为协同是多个企业在资源共享基础上建立起的一种共生互存关系。良好的协同可以达到"1+1>2"的效果,也就是说实现整体价值大于各独立组成部分价值的简单综合[102, 103]。随后,Itami 在安索夫提出的协同效应的概念上进行延伸,将协同效应又分解为"互补效应"和"协同效应"[104]。他提出,协同是发挥资源最大效能的最佳途径。

学术界根据协同理论的概念将其内容细分成三个方面:协同效应、伺服原理及自组织原理。协同效应是从系统的整体性和全局性出发,研究系统各要素之间相互配合后可能产生的稳定结构；伺服原理是从一个系统中的稳定和不稳定因素之间的联系和作用来考量，该原理更多地应用在社会学和管理学中；自组织原理是从一个系统外部产生的能量流动为切入点，侧重分析这种能量流在进入系统内部之后，通过协同作用构架系统新的有序结构。由此可见，在协同理论的这三个方面中，协同效应的系统性和整体性的特点在研究产业链的稳定持续发展是非常适合的。

虽然学术界对产业链和协同这两个理论都有了一定范围的研究，但是，对于产业链协同的概念还未形成统一的概念。现存在文献资料中出现的"产业链一体化""供应链协同""产业链整合"等都属于和产业链协同类似的概念。如国外学者 Ansoff 在《企业新战略》一书中提出，供应链协同不同于供应链上各独立要素之间简单叠加产生业务效果，而是一种供应链各要素企业集群通过相互作用、配合、共享等途径而达到的一种整体性业务效果[103]。刘贵富和赵英才在《产业链：内涵，特性及其表现形式》一文中提出，产业链通过横向整合、纵向整合及综合整合三种方式，使得产业链核心企业能够通过某种特定的方式对其合作伙伴进行决策控制[86]。朱蕊通过对物联网产业链协同的研究总结出，产业链协同是指产业链中各成员通过资源、技术、信息等一系列要素的建设，在不同环节间进行的彼此协调和联合，从而提高产业链的整体竞争力，实现整条产业链的高效运转[105]。

基于以上理论回顾和分析，本研究认为产业链协同是产业链中各成员基于信息流、价值流和物质流的联系，彼此之间自发形成某种特点的约束配合关系，从而实现各产业链成员的最大化收益以及产业的快速发展。产业链协同中的各节点企业需要根据企业自身情况和产业环境的条件，对各自资源进行合理安排，以期最大限度地实现个体目标和总体目标[106]。产业链的协同能力程度越高，产业竞争优势就越强，产业链上的各节点企业能够以更有效的方式持续生产出消费者愿意接受的产品，那么产品的满意度和用户接受度就会相应提高。[107]

2.6　价值网理论综述

　　价值网的概念是由 Mercer 顾问公司的著名顾问 Adrian Sly-wotzky 于 1997 年在《发现利润区》中首次提出的。Slywotzky 认为面对不断增长的客户需求和迅速发展的互联网技术和市场,传统的供应链应该转变为价值网[108]。大卫·波维特等在《价值网》一书中补充到,价值网实质上是将供应链的概念数字化,受客户选择系统驱动的快速可靠的系统。这一系统力求创建一种客户更满意和企业利润水平更高的新的业务模式。[109]。Kathandara-man 和 Wilson 认为,价值网是以客户为核心,以为客户创造最大价值为导向的价值创造体系[110]。Suzanne Berger 认为价值网的基本特征是从分离的产业组织形式来诠释范围规模的外部经济性,这一特征就是将对资源能力的研究从企业内部向企业外部拓展的开始[111]。在这个拓展过程中,价值网内的企业显然更容易获得信息、市场和资源,不但有效保障了企业实现其商业战略目标,同时还推动了企业获得更广泛的范围经济和规模经济。

　　国内价值网的研究也还处于起步阶段。李垣等在《基于价值创造的价值网络管理》一文中指出,价值网改进了价值识别体系从而使组织间的联系具有交互性、动态性、扩展性和依赖性[112]。吴海平和宣国良针对价值链系统构造及其管理演进的研究中提出,价值网内各成员共同创造并通过价值网整合最终形成了产品或服务的价值,在这个相互合作的过程中,成员之间建立起了一种相互作用关系[113]。芮明杰教授运用博弈论分析其竞争战略中的应用,他指出波特的"五力模型"可以看作一种企业价值网络[114]。

　　本研究认为价值网的发展是建立在现代网络技术及快速的信息产业发展的基础上的,价值网中的各要素企业、供应商和客户通过相互作用,动态联系,形成价值创造的体系。价值网是由这些要素之间原有存在的价值链,以及价值网框架下一些新的价值链叠加的综合体。所有存在于价值网中的价值链都遵从价值网统一的战略目标,以更快的速度对外部环境做出响应,提升客户满意度、资源利用率以及网络中各要素企业自身的核心竞争力和价值创造力。

综上所述,目前国内外学者已经在价值网的理论研究中做出了探索性的学术贡献,但这些学者专家的观点更侧重于价值网所带来的价值创造、增值和功效,其不足之处在于这些理论并未对价值网内部各要素之间协调机制以及价值网的整体运作方式提供理论基础,对价值网络的形成、发展和演进还缺少系统的研究和案例分析。

2.7　本章小结

为了明确采纳行为和研究对象以及研究范围,在第 1 章对云计算和 SaaS 服务的全面回顾的基础上,本章首先对研究内容、研究方法和研究的创新思路进行了介绍;然后,对研究所涉及的基本理论做了系统的梳理,总结了学术界目前对 SaaS 模式和采纳的理论与研究方向。通过对现有文献的回顾,本研究发现关于 SaaS 服务采纳的研究是对商业领域非常有现实意义的研究方向,目前此方向的研究刚刚开始兴起,研究成果也不多,这也表明了本研究的重要理论意义和价值。同时,本章还对 SaaS 产业链的理论、协同和价值网的相关理论做了回顾。经过总结发现,我国学术界关于产业链协同的理论缺乏深度,在价值网的研究中关注其内部要素之间协调和运作方式的理论基础不足。尤其是对 SaaS 产业链来说,产业协同方面也急需研究出一套完整、统一的理论作为支撑,填补其研究领域的空白。总的来说,通过本章对相关理论的梳理,明确了相关理论的研究现状和不足,为总体的研究内容做出了必要的理论铺垫。

第3章 组织用户的 SaaS 服务采纳影响因素模型构建

对于组织用户而言,SaaS 的出现是对传统软件及信息系统的一次革新,SaaS 的采纳隶属于创新技术采纳的范围。本书关注 SaaS 采纳在因果上的关系,尤其是产业情境对 SaaS 采纳的影响。因此,本章借助于创新扩散理论和"技术-组织-环境"理论框架作为 SasS 采纳的理论基础,从 SaaS 技术特征、组织用户特征、SasS 服务产业环境以及市场环境来探讨 SasS 采纳的决定因素。在现有的理论基础上,试图构建基于组织用户的 SaaS 采纳决定因素的理论模型,并在第 4 章通过大样本调研的方法对该理论模型进行实证检验。

3.1 SaaS 采纳理论的选择

3.1.1 创新技术采纳理论基础

目前学术界针对信息服务的采纳行为研究时常用到的理论非常丰富,主要包括:

(1)理性行为理论(Theory of reasoned action,TRA)是 1975 年由 Fishbein 与 Ajzen 共同提出的。此理论解释并预测了人类在决策过程中的行为特点,认为主观规范决定行为态度,个体的"意向"决定着其"行为"[115]。

（2）计划行为理论（Theory of Planned Behavior，TPB）是由 Ajzen 于 1991 年在理性行为理论基础上提出的。为了进一步增强 TRA 模型在预测用户行为时的准确性，Ajzen 添加了"感知行为控制"变量。相比 TRA 理论，TPB 理论更关注在个体无法完全控制其行为的情景模式下，个体的主观态度、采纳意向和决策行为之间的关系[116]。

（3）技术接受模型（Technology Acceptance Model，TAM）也是在 TRA 理论基础上发展而来的。Davis 通过对个体主观态度和行为意向关系的延伸，提出了 TAM 模型。该模型认为态度比主观规范对个体采纳的影响更大。态度是由感知有用性和感知易用性共同决定的。技术接受模型是目前使用最为广泛的信息技术采纳模型之一，也是 SaaS 采纳研究中被使用频率相对较高的理论基础[117]。

（4）创新扩散理论（Innovation Diffusion Theory，IDT 或 Diffusion of Innoviation，DOI）是由 Rogers 提出的，他认为创新是一种思想、新产品或新过程。创新扩散理论认为创新技术特性、采纳者特性和传播渠道是影响采纳的关键因素。在现有的理论研究中，被广大学者重点关注的是有关创新技术特性下的相关因素，包括相对优势、兼容性、复杂性、可试性和可观察性五个方面的内容[118]。DOI 理论不仅适用于个体采纳的研究，也适用于企业采纳的研究。

（5）技术-组织-环境理论（Technology-Organization-Enviroment，TOE）是由 Tornatzky 等人在创新扩散理论的基础上，对其进行了全面的扩展提出的一个更加完整的研究框架，目前在研究组织的信息技术采纳时被广泛采用[119]。

（6）制度理论（Institutional Theory，IT）是 1949 年由 Selznick 提出的，他认为除了技术水平、企业规模这些侧重于物质资源的因素会影响一个企业的发展，还有类似于企业内部规范、企业文化和经营理念等这些社会和文化的因素同样会对企业发展产生重要的影响。[120]

（7）资源基础理论（Resource Based View，RBV）认为资源是企业保持持续竞争优势的基础。企业对信息技术的采纳本身对企业带来的变化是不明显的，只有将采纳的技术和企业自身的资源和业务进行合理整合，才能提升企业的核心竞争力[121]。

（8）交易成本理论（Transaction Cost Theory，TCT）建立在新制度经济学理论框架下，是渠道模式选择研究中较有影响力的理论之一。该理论的基本观点来自于 Coase（1937 年）的《企业的性质》[122]。对创新性信息技术采纳来说，从企业原有的信息技术转型到采纳新型技术，这个过程中产生的集成和协调的成本将是影响采纳的主要因素。

基于以上对创新技术采纳理论的回顾，表 3-1 总结列出运用这些理论时最广泛使用的一些行为变量因素。

表 3-1　采纳行为理论及其行为变量因素

采纳主体	理论模型	行为变量
个人视角	理性行为模型（TRA）	行为态度、主观规范
	计划行为理论（TPB）	行为态度、主观规范、感知的行为控制
	创新扩散理论（DOI）	相对优势、兼容性、复杂性、可试性、可观察性
	技术接受模型（TAM）	感知有用性、感知易用性、知觉到的行为控制
组织视角	技术-组织-环境模型（TOE）	技术因素变量、组织因素变量、环境因素变量
	制度理论（IT）	同质性压力、规范性压力、强制性压力
	资源基础理论（RBV）	人力、物力、财力、基础设施等
	交易成本理论（TCT）	操作过程成本、经济效益

3.1.2　SaaS 采纳研究理论运用现状

目前学术界针对 SaaS 采纳的研究，多数都集中在从个人（或者组织用户用的决策者)角度来分析采纳的影响因素,所以其分析的模型选用以个人视角的 TAM、TPB 和 TRA 的比较多。下表 3-2 对现有针对 SaaS 服务采纳研究中选择的理论基础做了总结。

表 3-2　SaaS 采纳研究理论选择

	研究主体	采纳原理	影响因素	文献
1	组织用户 SaaS 采纳因素-实证研究	TAM	八大优势,七大风险。优势前两位:快速简单的用户接受度、SaaS 是未来发展方向。风险前两位:数据安全、验证和授权	[123]
2	SaaS 服务的探索性模式研究	TAM,DIO	技术有用性、易用性、技术创新、安全与信任、预知盈利、社会影响	[124]
3	SaaS 采纳影响因素	TAM	专家意见、使用高效性、数据安全	[125]
4	用户接受度-实证分析	TRA	电子服务质量、实用性、社会影响	[126]
5	SaaS 采纳因素	TCT,RBV	运营程序、人员、供应商、技术能力	[127]
6	SaaS 采纳的动力-不同应用类型的实证研究	TCT,TPB,RBV	社会影响、对 SaaS 采纳现有的态度、采纳不确定性、战略价值	[128]
7	SaaS 智能商务采纳因素-理论框架研究	TCT,TPB,RBV	专一性、不确定性、经济因素、技术、战略价值、可模仿性、态度、外部因素	[129]
8	SaaS 智能商务采纳的采纳标准和商业价值	TCT,RBT,TAM	易用性、成本、复杂度	[130]

通过以上对 SaaS 服务的采纳理论及相关研究的回顾可以看出,尽管现存的有关 SaaS 服务采纳的研究从各种不同的角度发现了影响 SaaS 采纳的因素,但这些研究多是从个人用户的角度去分析和衡量影响用户采纳的原因,真正从组织视角开展的研究

还是非常欠缺的。本研究的初衷在于研究组织用户在 SaaS 采纳中受到的各方因素的影响,采纳的主体是组织,而非个人,因此,将选择在创新技术采纳行为中最常用的两个模型:创新扩散理论和技术-组织-环境模型作为基础的理论。

3.2 SaaS 采纳决定因素的理论基础

3.2.1 创新扩散理论

创新是指被个人或组织认为具有新颖性的思想、方法或产品。如果从传播的角度来衡量创新的概念,可以看出,创新是一种主观感知,完全取决于个人或组织对这一事物的主观感受。扩散描述的是社会系统的结构和功能变化的过程。[131] 提出创新扩散理论(Diffusion of Innovation,DOI)就是研究这种创新思想、创新方法和创新产品是如何通过文化和个人或者企业的层面进行传播的[131]。

创新扩散的传播过程类似于一条"S"形曲线(图 3-1)。在创新扩散的早期,只有很少采用者关注并采纳这种创新,其扩散的进展速度还很缓慢:随着更多的个体对创新的关注和投入,采用者的人数上升到整个人口比例的 10%～25% 的时候,创新扩散的速度呈现出猛增的现象,曲线坡度迅速上升并保持这一趋势;在累计创新采纳接近饱和点上限时,创新扩散的速度趋近于持平并保持非常缓慢的上升趋势。

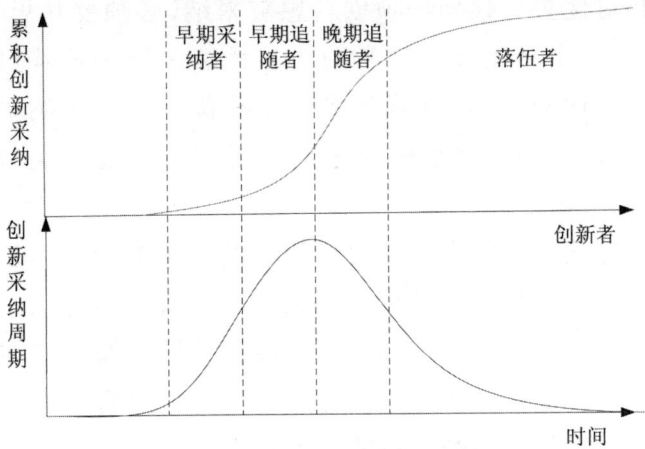

图 3-1　创新扩散现象的程序化形式

对组织用户来说,创新的过程相对复杂。因为组织中包含了很多个体用户,既包括创新思想的支持者又包括反对者,每一个个体都在采纳决策中占据着重要的位置。根据企业层面的 DOI 理论的描述,创新性是和一些独立变量相关联的,例如,个体特点(企业管理者)、内部组织结构特点和组织的外部特点。DOI 理论的一个重要特点是一项创新可以快速地、大范围地达到传播扩散的效果(如互联网)。然而在这个传播的过程中,仍会存在一些群体根本没有采纳的意愿,而有些群体在采纳后又很快放弃了。通过 Roger 和一些学者的研究发现,创新的属性和特点对采纳和扩散的速度以及程度起着很重要的影响。DOI 在创新采纳行为中表现出的最核心的五个属性包括:相对优势、兼容性、复杂性、可观测性及实用性[132]。

表 3-3　影响扩散的创新属性

创新扩散理论的属性	关键问题
相对优势	创新后比创新前有明显改进吗?
兼容性	创新在各方面都与采纳主体相匹配吗?
复杂性	创新是简单易用的吗?
可观测性	在决定采纳之前,是否能够试用该创新?
实用性	创新结果可见并且容易量化吗?

（1）相对优势。任何一项创新想被采纳，必须要从思想、产品和程序上展示出相比被替代者的明显优势。这种优势可以是经济优势、社会优势、实用性优势等。这些优势将对采纳决策起到关键性的推进作用。但是仅凭这些相对的优势还不足以保证采纳效果的广泛扩散。

（2）兼容性。创新本身与目标用户的价值观、行为规范、理念和感知越匹配越兼容，这项创新被采纳的可能性就越大。这一兼容性的水平可以从个人和组织的层面去衡量。如果潜在的采纳者能够适应、改变和修改这项创新，使其更适应自身的需要和发展，那么这项创新被采纳的可能性就越大。

（3）复杂度。创新越容易操作和使用就越有可能被采纳，反之，那些比较复杂的创新就很少能成功地实现扩散采纳的效果。另外，那些可以细化分割并且能够逐步采纳的创新模式更容易被用户接受。

（4）可观测性。如果一项创新很容易就可以让用户发现其优势所在，那么这项创新就更容易被采纳。

（5）实用性。那些可以让有意向采纳用户在一定范围和基础上进行使用的创新项目更容易被采纳和接受。

3.2.2 "技术-组织-环境"理论框架

Tornatzky 等人[133]提出的"技术-组织-环境"（TOE）理论框架解释了一个企业的创新过程。它们提出了影响企业创新采纳的三个主要因素：技术因素、组织因素和环境因素。技术因素主要指企业组织运用的相关的内部和外部的信息技术，以及潜在可能被采纳的技术。组织因素主要指企业特点（例如，组织架构、企业规模、管理结构、集权度等）、资源（人力和冗余资源）、员工之间的沟通过程（正式和非正式）。环境因素包括市场元素、竞争对手、制度环境等诸多外在因素。

通过对比研究发现，TOE 和 DOI 理论框架是一脉相承的。

TOE 研究框架同 DOI 理论一样,已经被广泛运用在新技术采纳的影响因素的研究领域。在被运用的过程当中,诸多学者对 TOE 研究框架中的三个维度进行了扩展,感知创新、组织因素和环境因素的具体内涵如下解释。

(1)感知创新。组织采纳一项新技术时,感知利益是其考虑的重点因素。从某种意义上讲,某项创新被组织采纳的行为由组织成员对新的创新的评价及采纳新技术的意愿决定。意愿不但受组织成员对新技术认同的影响,还受组织成员感知到的采纳创新技术的所得利益的影响。研究表明,创新的相对优势、复杂性、兼容性、可试用性和可观察性同样对组织用户采纳新技术的决策行为有着重要的影响作用。

(2)组织因素。国内外学者研究表明,组织因素中的组织结构、组织规模、组织现有的技术准备程度等影响企业采纳新技术的决策行为。组织规模正向影响组织采纳新技术的决策行为,原因在于规模大的组织更有能力采纳新技术,抵御新技术采纳的风险程度较强。组织结构对组织采纳新技术的行为存在正反两方面的影响效应。[134]研究表明,组织的正规化和集权化程度越高,其采纳新技术的能力越强,但是最先采纳新技术的可能性较低。

(3)环境因素。TOE 研究框架最早起源于经济发达的国家和地区,当初主要指经济环境,主要有已采纳创新的组织数量和行业竞争性两种影响因素。已采纳创新的组织数量主要指组织网络的外部性因素。理论研究表明,组织采纳新技术的可能性和认同新技术的价值取决于同行或是合作伙伴使用者的数量。在企业采纳新技术方面,如果企业组织的供应商、客户、同行竞争者或者其他的企业组织都使用某项新技术,创新的效应就会增加,组织的网络外部性就会越正向。[135]研究指出,完全的市场竞争性环境中,新技术的采纳对维持或是提升企业的市场地位是必要的。企业组织采纳新技术的时机主要取决于新技术在企业的战略规划中所处的战略价值和提高企业效益方面发挥的积极作用。国内外学者研究表明:行业竞争性和新技术的采纳存在相关关系。[136]研究出行业集中度正向影响新技术采纳,类似地,[128]认为竞争性会推动创新的采纳。

Tornatzky 等人(1990 年)在创新扩模型的基础上,对其进行了全面的扩展提出了一个更加完整的研究框架,即 T(技术)-O(组织)-E(环境)模型,目前在研究组织的信息技术采纳时被广泛采用。该模型认为,组织对一项新技术的采纳不仅仅只是受技术本身所具有的特性的影响,还会受到组织自身所具有的特性以及外部环境特性这几方面因素的影响。其中,技术特性指的是技术本身存在的一些特征,如相对优势、兼容性、复杂性等;组织特性是指组织所具有的特征,包括组织的经济类型、规模、内部组织架构等;环境特性是指市场潮流压力、所处行业发展趋势和政府政策等。

值得一提的是,TOE 模型只是一种比较宽泛的研究框架,它是将可能的影响因素划分为三个维度,而每个维度里涉及的具体的因素和变量则有待研究者根据实际情况、结合其他模型进行选择。现有研究主要基于如图 3-2 所示的 TOE 理论框架进行相关的实证研究。

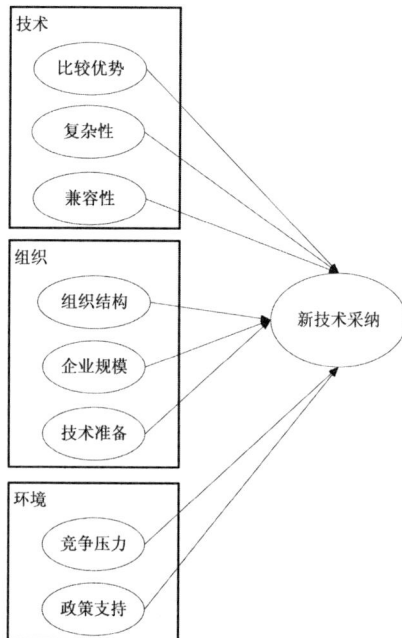

图 3-2 "技术-组织-环境"理论框架下新技术采纳的决定因素

3.2.3　创新扩散理论和技术-组织-环境理论运用

目前许多学者都采用多理论并用的办法来研究有关创新技术的采纳问题。通过对现有文献的梳理，发现以 DOI 和 TOE 作为主流理论视角来理解 SaaS 采纳具有十分重要的价值。Rogers 认为 TOE 原理是从多角度对 DOI 理论进行补充，因此许多文献都提到，将 TOE 原理和 DOI 理论相结合是非常有价值的。两者从技术层面上来说是一致的；从组织层面上来说，DOI 的内部和外部组织特性涵盖了 TOE 有关组织因素的衡量方法。当然二者也有区别，TOE 原理不针对个人特征（例如，高层支持）。这里，DOI 理论强调在组织层面将高层支持的因素考虑进去。正是由于 DOI 理论的一些缺失，TOE 框架帮助提供了一个比较全面的视角，从技术、组织和环境三方面来分析信息技术的采纳问题。这两个原理也因此有机地取长补短整合在了一起。

为了确定出基于 DOI 和 TOE 理论的模型，研究首先对现有文献中运用这两个原理的研究采纳问题的文献做一汇总，目的是有依据地提出更有代表性的采纳假设。然后根据 SaaS 服务的特点，选择适合于衡量影响 SaaS 采纳的因素，构架出一个针对 SaaS 用户采纳的影响因素模型。

表 3-4 总结了运用 DOI 和 TOE 理论模型的研究采纳问题时所关注的主要研究变量，主要包括：比较优势、兼容性、复杂性、技术成熟度、企业规模、成本节约、高管支持、安全性问题、竞争压力、政策支持。

表 3-4　基于 DOI 和 TOE 理论模型的研究

理论	被解释变量	来源	解释变量									
			RC	PA	LE	TR	FS	CS	TM	SC	CP	RS
TOE	开放系统采纳	[137]			√							
DOI&TOE	杠杆管理采纳	[138]				√		√	√			

续表

理论	被解释变量	来源	解释变量									
			RC	PA	LE	TR	FS	CS	TM	SC	CP	RS
DOI&TOE	云计算采纳	[139]	√	√	√	√	√	√	√	√	√	√
DOI&TOE	云计算采纳	[140]					√					√
DOI&TOE	合作贸易采纳	[141]	√	√	√				√		√	
DOI	RFID 采纳	[142]	√		√				√			
DOI	电子商务采纳	[143]		√	√							
TOE	SaaS 采纳	[144]	√	√		√		√	√		√	
TOE	SaaS 采纳	[128]	√	√	√				√		√	√
TOE	电子商务采纳	[145]				√		√	√			
TOE	云计算采纳	[146]	√	√	√		√		√			
DOI&Others	创新采纳	[147]		√	√		√	√	√		√	
TOE	云计算采纳	[148]									√	
DOI&TOE	云计算采纳	[149]	√	√	√				√			√
TOE	云计算采纳	[150]	√	√	√				√			
DOI&Others	云计算采纳	[151]		√	√							
DOI	云计算采纳	[152]	√	√	√							

注意:DOI 表示创新扩散理论,TOE 表示"技术-组织-环境"理论框架,Other 表示其他理论;RC 表示比较优势,PA 表示兼容性;LE 表示复杂性;TR 表示技术成熟度;FS 表示企业规模;CS 表示成本节约;TM 表示高管支持;SC 表示安全性问题;CP 表示竞争压力;RS 表示政策支持。

3.2.4 SaaS 采纳行为理论的研究不足

SaaS 服务的选择过程主要是五个步骤:产品试用、供应商选择、安全评估、价格谈判、签订合约。目前国内 SaaS 服务的主要对象还是以中小企业为主,这类企业的特点就是规模相对较小,业务过程相对简单,因而,对软件的需求一般也比较明确,企业对软件服务供应商的选择能力也比较弱。考虑到在线交付这种特殊的服务获得方式,这些企业在很大程度上只是依靠 SaaS 服务提供商的内部诚信机制，来对采纳选择进行非功能性的选择。在实际的商业操作过程中，多数的 SaaS 服务潜在用户都是通过资料的介绍，借助行业内对 SaaS 服务运营商的服务水平和诚信水准，以及其交易的历史统计来分析和判断 SaaS 服务运营商的优劣。因此，SaaS 服务运营商的内部诚信机制以及 SaaS 产业整体的协同发展水平（尤其是信任度水平）在消费者进行服务采纳选择时显得尤为重要。

不论是创新扩散理论还是技术-组织-环境理论，它们对 SaaS 采纳的关注总结下来，还是只是从创新技术特点、组织特点以及环境这三方面来进行分析和考量。实际上这些因素都只是停留在了微观层面，从用户的角度去审视一些内部或者外部的影响因素。本研究认为，TOE 模型中的环境视角还存在微观局限性，影响用户采纳 SaaS 的不只是经济环境中有关采纳创新的组织数量和行业竞争性这两个方面，更重要的是应该从中观，甚至宏观的层面，从产业链结构和产业发展的角度对 SaaS 采纳的影响进行考量。SaaS 是基于云计算服务中的一种服务类型，是一种新兴的信息技术产业，因此产业的整体发展水平的提高和产业发展环境的改善将拉动整个产业的竞争力，使得产业链上的各成员企业受益，使整个产业链条上的产品的生产效率和服务水平得到提高，进而提升用户的认知度和满意度，增强用户的采纳意愿。

鉴于此，将产业作为 SaaS 采纳的决定因素来进行研究是非常必要的。本章将基于 DOI 模型和 TOE 模型，提出全新的理论模型来理解 SaaS 采纳的决定因素。

3.3　组织用户 SaaS 采纳理论模型构建与假设提出

综合上述分析，本章结合 DOI 模型，并改进了 TOE 模型，以此构建更加全面的 SaaS 采纳影响因素理论模型，进而为理解 SaaS 采纳的影响因素提供全新的理论视角。首先，对于 DOI 模型,本章将从技术创新的四个方面构建模型,包括复杂性、兼容性、安全风险和成本节约。其中,安全风险和成本节约是基于前文对 SaaS 服务的分析,抽取最具代表性的两个特征来衡量。其次,对于 TOE 模型,本章将产业情境纳入 TOE 模型,提出了更加全面的 TOIE 模型来理解 SaaS 采纳的决定因素。该模型利用产业协同能力来衡量产业情境对 SaaS 采纳的影响,有助于全面解释 SaaS 采纳的决定因素。最后,本章整合了 DOI 理论和 TOIE 理论模型,为探索 SaaS 采纳的决定影响因素提供了全新的理论工具,为后续研究奠定了坚实的基础。同时,本章提出将产业情境纳入理论模型的视角,为后续章节展开 SaaS 产业链和产业链协同方面的研究提供了重要的切入点。

　　基于以上的研究分析,结合 SaaS 服务的特点,本研究提取了影响企业用户采纳的主要因素,并给出相应的假设,搭建出针对企业用户 SaaS 采纳的研究模型,如图 3-3 所示。

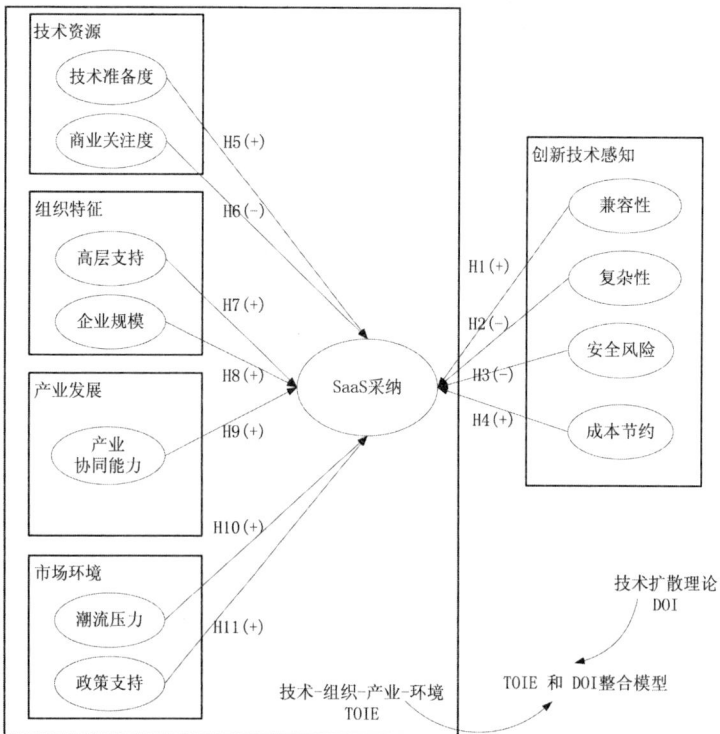

图 3-3　组织用户 SaaS 采纳决定因素的理论模型

3.3.1　基于 DOI 模型的 SaaS 采纳影响因素

Rogers 指出："创新的特点决定了对采纳决策起着重要作用的相对优势的类型。"[131]创新的相对优势是指经济收益,比如通过社会声誉的提升,或通过其他的形式。"本研究认为 SaaS 服务可能会因为成本节约而产生经济收益。同样的,安全感知也可能对 SaaS 服务的相对优势起反作用,经过以上分析得出本研究模型在创新技术方面的变量,即兼容性、复杂性、成本节约和安全风险四个潜在变量构建 DOI 模型,提出以下几点假设。

一种技术越容易整合到商业运营中,其被采用的可能性就越大。SaaS 为资源整合提供了一种可能性,然而,采用 SaaS 服务对企业用户来说是一种极大的挑战。这里所提的兼容性,不仅仅是指 SaaS 服务技术层面与企业现有信息系统和技术基础的匹配程度。还要考虑企业在采纳 SaaS 服务时对企业的总体战略、业务发展和内部规范等一系列的管理层面上的匹配程度。一般来说,企业在考虑创新采纳时首先是从这项创新技术的可行性出发,如果这项信息技术或服务与企业现状难以匹配,或者说企业感知到实现这项创新技术的采纳将会为企业内部的管理机制和资源基础带来很大的阻碍和挑战,企业多数情况下会选择放弃对这项创新技术的实施。鉴于兼容性对一个企业的采纳决策影响的重要性,本研究提出以下假设。

H1:兼容性越高,采纳 SaaS 服务的可能性越高。此因素对 SaaS 采纳具有正向影响。

复杂性是指新技术被采纳者感知到的学习和使用的难度,这一指标和技术接受理论模型中提出的"感知易用性"是相互对立的。如果一项创新技术或服务让企业使用者感到非常难以理解和操作,企业的决策者一般情况下是更不愿意采纳该项创新的。因此,对于企业来说,SaaS 服务的简单可操作性是关系到企业采纳决策的重要前提条件,这一特点对于中小企业主来说,尤其具有极大的吸引力。企业经营都是以实现利益最大化为前提目标的,因此,有时候也会出现某项新型技术虽然在操作上呈现出一些困难,但因为它对企业的生存发展至关重要,这时企业或许还会选择采纳这项新型技术。鉴于目前在学术界,多数研究创新技术采纳的学者和专家在他们的研究中都提到了复杂性对企业用户 SaaS 采纳的影响,因此,本研究提出以下假设。

H2:复杂性越高,采纳 SaaS 服务的可能性越低。此因素对 SaaS 采纳具有负向影响。

在 SaaS 的安全问题上主要有两种不同的观点。一些认为 SaaS 用户的数据是由远端服务器存储并进行相应的维护,其安全性如同银行的数据存储和操作。而另一部分持传统观念的用户认为使用 SaaS 系统非常有风险,因为那些有关财务和客户信息的关键数据都存储在服务供应商的服务器中。一旦用户对数据失去控制,这些数据就有可能遭遇泄露和丢失的风险。有报告指出,数据安全问题将成为用户在采纳 SaaS 服务前最应该首先克服的障碍。在现有很多研究中都表明安全的保证减少了用户在采纳时的焦虑心态,改善了这种在线服务的预知有用性。在亚马逊和沃尔玛这些 B2C 网页上我们看到安全因素和用户行为目的之间确实存在着非常重要的联系[153]。因此,可以得到如下假设。

H3:安全风险越高,采纳 SaaS 服务的可能性越低。此因素对 SaaS 采纳具有负向影响。

这里提到的成本节约性特指 SaaS 为企业带来的时间成本、运营成本、人力资源成本等方面的优势贡献。SaaS 不但为企业创新提供了机会,降低了信息技术的消费,减少了计算的总成本,同时还增加企业进一步创新的可能性,使企业能够有更多的精力投入核心业务,降低对信息技术基础设施和管理运营的投入。通过使用 SaaS,企业能够减少在信息技术系统维护和升级工作上耗费的时间和人力成本,也能够减少基础建设成本,降低能量消耗,并且减少维护成本。现有针对采纳行为的研究中,研究者更倾向于以"成本"或"感知成本"来描述这一特性,本研究提出"成本节约性"这一更具正面效应的词汇凸显出 SaaS 服务在成本方面的优势。假设如下。

H4：成本节约越高，采纳 SaaS 服务的可能性越高。此因素对 SaaS 采纳具有正向影响。

3.3.2　基于 TOIE 模型的 SaaS 采纳影响因素

SaaS 扩散的理论模型需要考虑在采纳中的不利因素和扩散技术的创新特点。这些因素和特点都是由特定的技术特点、组织特征和企业所处的市场环境背景造成的。目前已经有很多研究使用了 TOE 框架来分析企业的信息技术采纳问题。TOE 的理论框架包括三个方面：技术、组织和环境。技术方面是指企业内部技术状况和外部技术影响。组织方面包括很多指标，如企业规模和业务范围，集权化、规模化和管理结构的复杂性以及人力资源的质量。环境背景指的是一个公司的行业、竞争对手和政府政策法规或国家战略发展方向。TOE 的理论框架与 DOI 理论在技术层面的观点是尤其一致的。本研究认为 TOE 中的技术因素是在 DOI 理论观点之上，不仅关注了技术本身的特点因素，更重要的是补充了作为组织用户角度视角的对内部技术因素的理性认知，例如很多学者在运用 TOE 理论时都提到了技术准备度这一因素，这一因素正是从组织用户的角度来衡量自身的技术技能、硬件配备、技术人员素质等是否为创新型技术采纳做出了充分的准备。另外，还有学者提出组织用户对技术的关注程度或者敏感程度也是组织用户在采纳决策时的一个重要因素。

基于 3.2 节对 SaaS 采纳决定因素理论的回顾和筛选，以及对现有针对创新技术采纳的理论运用不足的分析，本研究提出在 TOE 模型的基础上，加入产业（industry）这一从宏观层面衡量 SaaS 采纳问题的元素。这一思路是将衡量采纳行为的视角从用户的角度丰富到从整个产业发展的角度来考虑。TOIE 的含义是"技术-组织-产业-环境"，这个模型就是从技术资源、组织特点、产业协同能力以及市场环境四个方面来分析采纳的问题。基于目前针对创新技术采纳的研究成果,结合有关企业用户对 SaaS 和云计算采纳分析的报道,本研究在 TOIE 模型的框架下提出了以下几点假设。

技术资源是指组织为技术采纳所能具备的技术条件。它包括技术结构方面和信息人力资源方面。技术结构方面包括企业具备平台或者技术的基础设施(例如,已配备的网络技术和公司信息系统)可供 SaaS 服务实施和替换。信息人力资源方面包括企业中有具备实施 SaaS 服务的知识和技能的人员(例如,计算机技术人员和 IT 专家)[154]。有了这两项技术资源,组织中的技术准备度就得到了加强。因此,企业中技术准备度对组织用户对 SaaS 的采纳具有积极的作用。因此,提出以下假设。

H5:技术准备度越高,采纳 SaaS 服务的可能性越高。此因素对 SaaS 采纳具有正向影响。

在以往的研究中已经有结论表明商业关注度对创新技术采纳是十分重要的[155]。商业关注度是指一个企业在创新性采纳时对预知问题或者风险的关注程度。在 SaaS 采纳问题上,这些关注点包括数据安全、机密性、不完全的服务质量保证、网络带宽的瓶颈和服务质量等[156,157]。企业采纳 SaaS 服务,对 SaaS 服务运营商来说就意味着接管这个企业日常的运营、设备,甚至到关键数据的存储。企业用户一旦选择了服务供应商并做出采纳决策,其数据上传和软件操作的过程就要经过供应商的远程服务器进行。这样一来,用户不但对这一 SaaS 服务供应商产生了很大的依赖性,而且还需要承受机密性数据可能泄露的风险。不仅如此,因为 SaaS 服务是依靠网络来进行数据传输和提供服务的,因此带宽的限制以及基础设施的完备程度也有可能对用户的服务体验产生一定的影响。面对这些不确定因素,服务质量的保证就很难被预知、衡量或者维护。因此,提出以下假设。

H6:用户的商业关注度越高,采纳 SaaS 服务的可能性越低。此因素对采纳具有负向影响。

　　TOE 模型中的组织因素的含义是用以支持创新采纳的可用资源,包括企业具备哪些适合采纳的特征因素。有多种因素会影响组织结构和创新采纳的关系,包括集权度的水平、企业能力和控制权的分布、信息链条、冗余资源可用度、侧面沟通、企业规模和高层管理支持等。其中高层支持和企业规模是 SaaS 采纳中最重要的因素[158]。

　　高层支持在 SaaS 采纳中起着重要的作用,因为这一因素决定了资源的部署、服务的整合以及信息系统的二次构架等问题。一个企业的高层如果对 SaaS 服务是认可的,那将会影响着企业战略发展的方向。在操作层面上,企业也会将采纳所需的资源进行合理部署,并影响组织中的成员们接受并实施这一采纳和改变。当高层管理对 SaaS 服务并不认同,那么其采纳决策也将是否定的。因此,提出以下假设。

　　H7:高层支持力度越高,采纳 SaaS 服务的可能性越高。此因素对采纳具有正向影响。

　　企业规模作为另一种组织因素影响 SaaS 采纳。相对小企业来说,大企业具有一定优势,因为他们有更多的资源,能够承担更大的与创新相关的风险。许多针对云计算和 SaaS 服务采纳的研究表明小型企业并不愿意采纳新技术。因此,企业规模是 SaaS 采纳在组织层面的一个重要影响因素[158]。因此,提出以下假设。

　　H8:企业规模越大,采纳 SaaS 服务的可能性越高。此因素对采纳具有正向影响。

　　产业链是一个产业中各成员要素之间基于特定的技术关联、逻辑关系、经济联系以及时空布局关系等因素形成的一种链条式相互作用的状态。产业链协同是指如何通过在产业链的不同环节间通过物质、价值、信息等一系列要素的设置,达到产业链高效运转的目标;以及如何通过价值链、企业链、供需链和空间链的优化配置和提升,使产业链中上下游间达到提高效率、降低成本的多赢局面。产业链协同的核心目的就是打通上下游间各个环节,实现企业竞争力的提升。产业链协同对于新技术在产业中的发展具有重要影响。因此,提出以下假设。

H9:产业协同能力越高,采纳 SaaS 服务的可能性越高。此因素对采纳具有正向影响。

在采纳模型中,潮流压力是包含在环境中的,这主要包括两个方面的压力:贸易伙伴的压力和竞争压力[157, 159]。贸易伙伴的压力来源于产业链上游和下游的商业伙伴。他们在与企业进行商业合作的过程中影响了企业去采纳新技术。竞争压力是指从商业竞争者那里来的压力,这种压力迫使企业采纳新型技术以保持在市场中的竞争力。一些研究观点主张,潮流压力越大,企业采纳新型技术的动力就越大。在最近的 SaaS 采纳研究中,Low 指出从贸易伙伴那里的压力对 SaaS 采纳决策起着重要的作用。另外,Kirkpatrick 的研究中提到竞争压力迫使企业去采纳云计算。企业通过采纳 SaaS,能够提高运营效率,更好地获得市场可见性,从而有所收益。因此,提出以下假设。

H10:潮流压力越大,采纳 SaaS 服务的可能性越高。此因素对采纳具有正向影响。

政策支持是指政府能够授权或鼓励企业消化和吸收 IT 创新。现有法律和规章制度对新技术的采纳具有关键性作用。政府管制能够鼓励或打击与 SaaS 采纳相关的商业活动。例如,美国和欧盟的立法中有专门的律令来保护组织用户的数据。当政府要求商业运行服从特定情境下的云标准和协议时,企业将更愿意采纳 SaaS。因此,提出以下假设。

H11:政策支持力度越大,采纳 SaaS 服务的可能性越高。此因素对采纳具有正向影响。

3.4　本章小结

本章在"创新扩散理论(DOI)"和"技术-组织-环境(TOE)理论框架"的基础上,补充考虑了"产业(Industry)"视角,从产业发展和产业链协同的角度对 SaaS 采纳的影响进行考量,构建了全新的 TOIE 理论框架。这一理论框架延伸了用户在采纳创新技术时的关注点,有助于从微观与宏观两个层面去衡量组织用户创新服务采纳的问题。

　　基于 TOIE 理论模型的构建,文章提出了十一个可能影响组织用户采纳 SaaS 服务的影响因素,包括:兼容性、复杂性、安全风险、成本节约、技术准备度、商业关注度、高层支持、企业规模、产业协同能力、潮流压力和政策支持。其中,对用户采纳意愿有正向推动的假设有八个:兼容性、成本节约、技术准备度、高层支持、企业规模、协同能力、潮流压力和政策支持。其余三个因素,复杂性、安全风险和商业关注度对用户采纳意愿有负向推动作用。

　　在这一理论框架的基础上,本研究将在第 4 章利用问卷调查的方法对该理论模型进行实证检验,以此来验证本研究所提出的 TOIE 理论框架。

第4章 面向组织用户的 SaaS
服务采纳实证分析

基于第 3 章提出的 SaaS 服务采纳 TOIE 理论模型和相关假设，本章利用大规模问卷调查收集相关数据，采用相关计量分析方法，如因子分析、回归分析等统计分析方法对理论模型和相关假设进行实证检验。以此得出实践活动中影响组织用户采纳 SaaS 服务的有效因素。最后，对这些有效的影响因素进行原因分析并提出相应的实践建议。

4.1 面向组织用户 SaaS 采纳影响因素
研究调查问卷设计和数据收集

4.1.1 问卷设计

为了保证测量假设的效度，问卷中的各测量标准参考了众多权威期刊的相关研究成果，同时还邀请了多位学者和专家进行访谈，而后根据他们提出的建议进一步修改并完善了问卷的相关内容，最终拟定了发放问卷的形式。

本研究用到的调查问卷由以下三部分构成。

第一部分为 SaaS 内涵及特征简介，其目的在于加深被调查企业对 SaaS 的理解，从而提高问题问答的准确性和客观性。

第二部分为调查企业的基本信息,包括被调查企业的规模、行业、SaaS 采纳意愿等。

第三部分为问卷主体问题部分。问卷的多数问题为选择题的形式,采用李克特(Likert)5 点量表。同时,由于问卷涉及创新技术、技术资源、组织特征、产业发展、市场环境、SaaS 采纳等多个不同的方面,问卷将从结构上对不同方面的问题进行归类,以便问卷填写人快速地理解和顺利地填写。其中有关资产规模、人员和年销售额部分是按照"非常巨大""大""中等""小""微型"的标准来评价的[160−162]。

4.1.2　数据收集

问卷的发放主要通过三种方式:一是电子邮件方式,通过向被调查者发放电子版问卷调查。二是邮寄打印稿至被调查者手中进行调查。三是通过电话访谈或面谈采访的方式进行调查。

问卷调查对象是以北京为中心,辐射向外临近省区(例如,河北省、河南省、天津市等)范围内经营的企业,行业主要集中于制造业、信息服务业、一般服务业和金融业。为了增加问卷调查结果的有效性,在问卷的首页强调,填写问卷的一定是组织中有对组织信息系统发展战略熟知并有决策权力的管理者或者专家。为了鼓励组织用户参与并降低受访者的个人偏见,在调查过程中,作者为调查者提供了调查结果的阶段性结果。

调查从 2013 年 6 月开始到 2014 年年初结束,期间第一轮问卷发放共收到 189 份有效回复。经过发送邮件提醒第一轮未回复的用户和电话及会面访谈,第二轮又增加了 87 份有效回复。总有效回复问卷 276 份,回复率 16.7%,还属于常规回复范围内[163]。

4.2　面向组织用户 SaaS 采纳影响因素

　　本研究在相关文献综述的基础上,结合设计的模型,选取了不同的指标描述各维度的变量。本研究尽量采用国内外相关文献中普遍用过的测量指标,加之作者本人从产业发展视角对影响组织用户 SaaS 采纳意愿的观察,初步拟定出问卷的形式。经过专家和学者的修正后,得出了对应模型各维度因子的测量指标。

4.2.1　创新技术感知各变量测量指标

　　基于 Rogers 提出的创新扩散理论,创新是一种思想、新产品或新过程,影响创新的因素很多,创新技术特性是重要的影响因素之一,通常学者们从相对优势、兼容性、复杂性、可试性和可观察性来具体测量创新技术特性。SaaS 作为一种特定的创新技术,组织用户在相对优势、兼容性、复杂性之外,较少会关注可试性和可观察性,但非常注重 SaaS 带来的风险和成本,因此,本研究以国内外相关研究为基础,从兼容性、复杂性、安全风险和成本节约四个方面设计了具体的测量指标,表 4-1 所示:

表 4-1　SaaS 创新技术感知各变量测量指标

变量	测 量 指 标	参考来源
兼容性	H11 SaaS 服务与企业现存的信息系统和技术基础兼容	[164]
	H12 SaaS 服务与企业现有战略和发展需求匹配	[165]
复杂性	H21 企业实现使用 SaaS 服务是困难的	
	H22 企业内部部署 SaaS 的过程是复杂的	[166, 167]
	H23 企业人员掌握 SaaS 是困难的	

续表

变量	测量指标	参考来源
安全风险	H31 SaaS 服务不安全,可能导致信息泄露	[168]
	H32 SaaS 服务中断,可能导致服务数据丢失	
成本节约	H41 SaaS 为企业节省了运营成本	[166,169]
	H42 SaaS 为企业节约了能源	

4.2.2　技术资源各变量测量指标

"技术-组织-环境"(TOE)理论框架中所指的技术因素主要指企业组织运用的相关的内部和外部的信息技术,以及潜在有采纳可能的技术。在本研究中,技术资源层面的变量包括技术准备度和商业关注度。技术准备度是以往研究中对技术资源进行度量的常用变量,商业关注度变量是在参考台湾学者[157]关于云计算采纳研究的基础上,结合 SaaS 自身特征提出的,综上,技术资源各变量测量指标如表 4-2 所示。

表 4-2　技术资源各变量测量指标

变量	测量指标	参考来源
技术准备度	H51 企业拥有购买 SaaS 服务充足的资金	[154,170]
	H52 企业拥有足够的 IT 技术人员支持 SaaS 使用	
	H53 企业现有的 IT 架构满足 SaaS 所需的硬件条件	
商业关注度	H61 企业关注 SaaS 服务的安全性和可靠性	[157]
	H62 企业关注网络带宽不足可能影响服务质量	
	H63 企业关注云存储资源不足可能影响服务质量	

4.2.3　组织特征各变量测量指标

"技术-组织-环境"(TOE)理论框架中的组织因素主要包括企

业特点(例如,组织架构、企业规模、管理结构、集权度等)、资源(人力和冗余资源)、员工之间的沟通过程(正式和非正式)。本研究从高层支持和企业规模测度组织特征,具体测量指标如表 4-3 所示。

表 4-3　组织特性各变量测量指标

变量	测　量　指　标	参考来源
高层支持	H71 高层支持企业使用 SaaS 服务	[171,172]
	H72 高层重视企业的信息化建设	
企业规模	H81 企业的人员规模	[149,173]
	H82 企业的年销售额	

4.2.4　产业发展变量测量指标

和以往研究相比,本研究从产业发展层面讨论了产业协同能力对组织用户采纳 SaaS 的影响,这也是本研究的主要创新点,产业协同能力的测量指标如表 4-4 所示。

表 4-4　产业发展变量测量指标

变量	测　量　指　标	参考来源
产业协同能力	H91 产业整体管理水平的提升有利于推进企业采纳 SaaS	作者通过文献回顾、调查研究总结
	H92 产业各资源的合理配置有利于推进企业采纳 SaaS	
	H93 产业技术的协调发展有利于提升 SaaS 服务质量,进而推进企业采纳 SaaS	

4.2.5　市场环境各变量测量指标

"技术-组织-环境"(TOE)理论框架中的环境因素包括市场元素、竞争对手、制度环境等诸多外在因素。本研究从潮流压力和政策支持两个方面对环境特性层面进行度量,这两个因素也是学者们广泛使用的变量,其具体测量指标如表 4-5 所示。

表 4-5　环境特性各变量测量指标

变量	测 量 指 标	参 考 来 源
潮流 压力	H101 同行中已有多数企业使用了 SaaS 并获得竞争优势	[174, 175]
	H103 咨询机构和媒体建议使用 SaaS,这是行业发展趋势	
政策 支持	H111 政府从政策层面上鼓励 SaaS 产业的发展	[143]
	H112 现有的法律法规对 SaaS 采纳起着关键作用	

4.3　数据统计分析方法及工具

本研究主要采用描述性统计、信度和效度分析和多元回归分析等研究方法,并利用 SPSS 统计分析软件对相关数据进行计算。其中,描述性统计主要分析被调研企业的基本信息,包括企业所在行业、规模和销售额等;信度表示对同样的对象,运用同样的观测方法得出同样观测数据(结果)的可能性。在检验因子信度时,目前普遍使用内部一致性系数,即 Cronbach α 来衡量。Cronbach α 的取值范围应在 0 到 1 之间,Cronbach α 值越大表示信度越高。效度是指指标能够真正衡量出研究人员所要检测的事物的真实程度,揭示了变量及其测量指标间的关系。在效度检验中,经常用到的是收敛效度(convergent validity)和判别效度(discriminant validity)。F 检验主要通过将两组数据的方差进行对比,确定数据的精密度差异的显著性,以检验控制变量的影响。方差分析用于检验两个及两个以上样本均数差别的显著性,识别出对观测变量有显著影响的控制变量。多元回归分析主要是分析因变量和自变量之间的相关关系,用于验证模型假设。具体方法和工具如表 4-6 所示。

表 4-6　本研究数据统计分析方法及工具

统计分析方法	功能	工具
描述性统计分析	分析被调研企业的基本信息,包括企业所在行业、规模和销售额等	SPSS 19.0 /SAS 等
信度检验	对同样的对象,运用同样的观测方法得出同样观测数据(结果)的可能性	
效度检验	衡量出研究人员所要检测的事物的真实程度,揭示了变量及其测量指标间的关系	
F 检验	将两组数据的方差进行对比,确定数据的精密度差异的显著性,以检验控制变量的影响	
方差分析	用于检验两个及两个以上样本均数差别的显著性,识别出对观测变量有显著影响的控制变量	
多元回归分析	分析因变量和自变量之间的相关关系,用于验证模型假设	

4.4　数据分析

4.4.1　企业基本信息

本次共收到 276 家企业的有效回复反馈。本次调查主要从采纳意愿、采纳现状、SaaS 服务类型以及所处行业这四个方面对企业的基本信息进行了收集,数据样本见表 4-7 所示。

表 4-7　企业基本信息统计

内容	选项	频数	百分比
行业	制造业	53	19.20%
	信息服务业	146	52.90%
	一般服务业	36	13.04%
	金融业	33	11.96%
	其他	8	2.90%

续表

内容	选项	频数	百分比
企业规模	>1000 人	21	7.61%
	500～1000 人	71	25.72%
	300～500 人	91	32.97%
	100～300 人	72	26.09%
	<100 人	21	7.61%
企业年销售额	>1 亿元	19	6.88%
	5000 万～1 亿元	69	25.00%
	3000 万～5000 万元	84	30.43%
	1000 万～3000 万元	73	26.45%
	<1000 万元	31	11.23%

　　可以看出,在参与调查的企业中,信息服务行业企业最多,占所有样本的一半以上,其次是制造业、一般服务业、金融行业等(图 4-1)。这些企业中多数是人员数在 100～500 人的中小型企业,年销售额集中在 1000 万～5000 万元之间(图 4-2)。

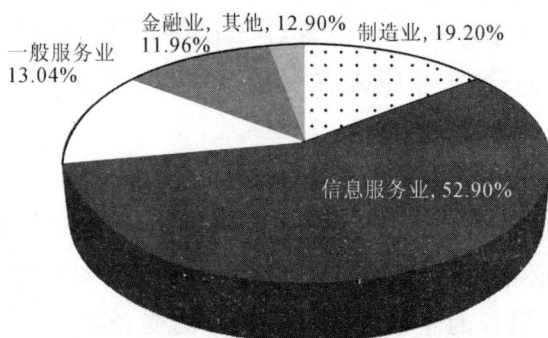

金融业,其他, 12.90% 制造业, 19.20%
11.96%
一般服务业
13.04%
信息服务业, 52.90%

图 4-1　企业所属行业情况

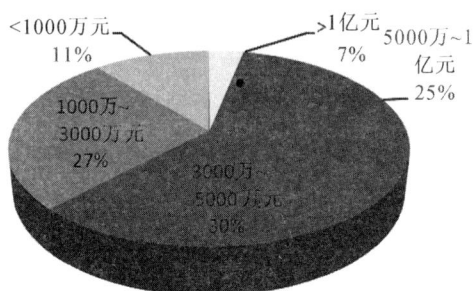

图 4-2 企业规模情况

4.4.2 企业 SaaS 使用行为

为了了解企业用户的 SaaS 的使用行为,本研究从企业对 SaaS 的认识程度、使用意愿、需求情况、未来是否会采纳和 SaaS 使用类型等几个方面进行了调查,具体调查数据结果如表 4-8 所示。在被调查的企业中,将近 75% 的企业对 SaaS 服务还是有一定了解的,可见目前 SaaS 服务的市场宣传和推广还是取得了很大的成效。但确实还存在企业对 SaaS 服务认识的局限性,例如调查中有约四分之一的受访者对 SaaS 一无所知,这可能也是导致超过一半的受访者还未在其企业内使用 SaaS 服务的主要原因。

对那些已经使用了 SaaS 服务的企业,他们的实际用户体验体现在此次的调查数据中。超过 70% 的企业认为采纳 SaaS 对企业的运营是必要的,而大约 16% 的企业却持反对态度。对那些还未试水 SaaS 服务的企业来说,近 90% 的受访者有在五年之内使用 SaaS 服务的意愿,其中 13% 的受访者计划在一年内就在企业内部开启 SaaS 功能。

表 4-8 企业使用行为统计

内容	选项	频数	百分比
对 SaaS 的认识程度	非常了解	25	9.06％
	有一些了解	102	36.96％
	听说过但不熟悉	76	27.54％
	没听说过	73	26.45％
企业使用意愿	忠实用户	18	6.52％
	已经在使用	91	32.97％
	有计划使用	121	43.84％
	不准备使用	46	16.67％
需求情况	非常必要	61	22.10％
	必要	140	50.72％
	无所谓	30	10.87％
	不必要	45	16.30％
可能会在未来几年后使用?（对未使用 SaaS 服务的企业）	5 年以上	38	13.77％
	3～5 年	89	32.25％
	1～3 年	111	40.22％
	1 年内	38	13.77％
SaaS 使用的类型	电子邮件	141	51.09％
	客户关系管理	118	42.75％
	企业资源计划	116	42.03％
	视频会议系统	105	38.04％
	人力资源管理	96	34.78％
	在线存储管理	71	25.72％
	其他	85	31.16％

除此之外,还对企业目前正在使用的 SaaS 服务的类型进行了调查。目前企业使用 SaaS 服务的类别比较高的几个应用包括:电子邮件(占 51.09％)、客户关系管理(占 42.75％)、企业资源计划(占 42.03％)、视频会议系统(占 38.04％)、人力资源管理

（占 34.78%）和在线存储管理（占 25.72%）。除此之外，企业使用 SaaS 相关的项目管理、销售管理、协调办公系统、财务管理、在线广告管理等，这些应用的比例因为都低于 25%，所以都归纳为其他的类别。

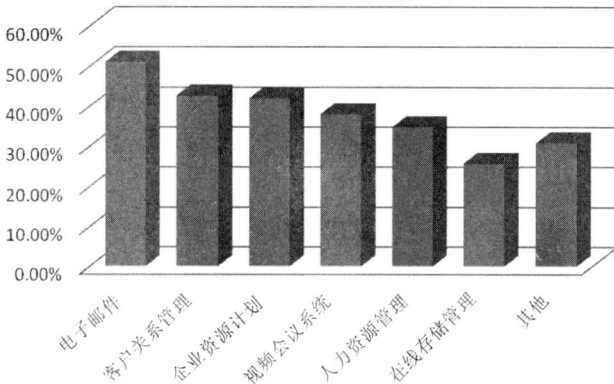

图 4-3　企业选择 SaaS 应用软件的类型

4.4.3　信度检验

信度表示对同样的对象，运用同样的观测方法得出同样观测数据（结果）的可能性，在检验因子信度时，目前普遍使用内部一致性系数，即 Cronbaeh α 来衡量。Cronbaeh α 的取值范围应在 0 到 1 之间，Cronbaeh α 值越大表示信度越高。一般来说，测量变量的 Cronbaeh α 值在 0.5～0.7 之间表示可以接受，0.7 以上就说明信度很好，Cronbaeh α 取值与信度评定标准如表 4-9 所示[176]。

表 4-9　Cronbaeh α 取值与信度评定标准

Cronbaeh α 系数	信度
Cronbaeh $\alpha \leqslant 0.3$	不可信
$0.3 < $ Cronbaeh $\alpha \leqslant 0.4$	勉强可信
$0.4 < $ Cronbaeh $\alpha \leqslant 0.5$	稍微可信
$0.5 < $ Cronbaeh $\alpha \leqslant 0.7$	可信

Cronbaeh α 系数	信度
0.7＜Cronbaeh α≤0.9	比较可信
Cronbaeh α＞0.9	非常可信

为了检验模型中各变量可信度,本研究进行了信度分析,结果如表 4-10 所示。从表 4-10 可知,(1)成本节约和商业关注度两个变量的 Cronbaeh α 取值分别为 0.633 和 0.682,属于可以接受的范围;其他变量的 Cronbaeh α 系数均大于 0.7,这说明本研究采用的各变量的测量指标具有良好的信度。(2)尽管存在 H12、H22、H32 等少数的测量指标,在删除后可提高所测量变量的 Cronbaeh α 系数,但考虑到每个测量指标都测量了变量某个方面的内容,且所测变量 Cronbaeh α 系数已达到了信度要求,因此在随后的回归分析中,仍予以保留。

表 4-10　各变量的 Cronbaeh α 值

	变量	Cronbaeh α 值	测量指标	删除该测量项后的 Cronbaeh α 值
创新技术感知	兼容性	0.685	H11	0.487
			H12	0.885
	复杂性	0.684	H21	0.603
			H22	0.717
			H23	0.394
	安全风险	0.872	H31	0.851
			H32	0.906
	成本节约	0.633	H41	0.589
			H42	0.581

	变量	Cronbaeh α 值	测量指标	删除该测量项后的 Cronbaeh α 值
技术资源	技术准备度	0.758	H51	0.793
			H52	0.522
			H53	0.697
	商业关注度	0.682	H61	0.64
			H62	0.63
			H63	0.66
组织特征	高层支持	0.755	H71	0.72
			H72	0.74
	企业规模	0.913	H81	0.86
			H82	0.85
产业发展	协同能力	0.917	H91	0.899
			H92	0.863
			H93	0.883
市场环境	潮流压力	0.750	H101	0.679
			H102	0.676
	政策支持	0.793	H111	0.784
			H112	0.736

4.4.4 效度检验

效度是指测量指标能够真正衡量出研究人员所要研究对象的真实程度,揭示了变量及其测量指标(indicators)间的关系。在效度分析中,经常用到的是收敛效度和判别效度。收敛效度是指所用到的指标集中反映了所要测量的构件或因子,不存在交叉载荷的问题。判别效度是指不同因子间可以有效区分,不存在反映同一构件的两个因子。

收敛效度的检验分为两步:首先,在验证性因子分析当中,各变量的因子载荷均显著且大于 0.7;其次,各因子所提取的可解释的方差百分比最小为 60%,均大于 50% 的推荐值。判别效度的检验可以使用两种方法:(1)任意选择两个因子,限定相关系数为 1,比较限定与非限定测量模型卡方值(χ^2)的变化,结果显示卡方值均在 p≤0.1 的水平上显著;(2)检验任意两个因子之间相关系数在 95% 的置信区间内是否包含 1,如果不包含的话,则表明有较好的判别效度。如果检验的结果符合上述要求,表明因子具有良好的效度。

效度检验一般通过因子分析进行,但为了判断各测量指标是否适合进行因子分析,通常需要先进行 KMO 检验和巴特利球体检验,当 KMO 值小于 0.5 时,表示不适合进行因子分析,在 0.5 到 0.7 之间表示基本可以接受,大于 0.7 表示可以接受,大于 0.9 表明因子分析的效果较好。在巴特利特球体检验中,当显著性概率小于或等于特定值时间,才可以进行因子分析。

本研究所涉及的创新技术感知、技术资源、组织特征、产业发展和市场环境等各变量的 KMO 检验和巴特利球体检验结果如表 4-11 所示,检验结果表明可以对样本数据进行因子分析。

表 4-11　KMO 检验和巴特利球检验结果

	检测项		检测值
创新技术感知	KMO 样本测度		0.704
	巴特利球检验	卡方检验值	69.133
		自由度	36
	显著性概率		0.000
技术资源	KMO 样本测度		0.759
	巴特利球检验	卡方检验值	28.574
		自由度	16
	显著性概率		0.000

续表

	检测项		检测值
	KMO 样本测度		0.751
组织特征	巴特利球检验	卡方检验值	27.734
		自由度	6
		显著性概率	0.173
	KMO 样本测度		0.0757
产业发展	巴特利球检验	卡方检验值	40.589
		自由度	3
		显著性概率	0.000
	KMO 样本测度		0.704
市场环境	巴特利球检验	卡方检验值	21.835
		自由度	6
		显著性概率	0.000

对创新技术感知、技术资源、组织特征、产业发展和市场环境等各变量进行因子分析,结果分别如表 4-12、表 4-13、表 4-14、表 4-15、表 4-16 所示。

(1)由表 4-12 可知,创新技术感知四个变量能够较好地区分开来,形成四个独立因子,没有出现明显的因子交叉载荷,且除了 H11 因子载荷为 0.696,略低于 0.7 之外,其他所有因子载荷都在 0.7 以上,四个因子的累计解释率达到 81.691,效度良好。

(2)由表 4-13 可知,技术资源两个变量能够较好地区分开来,形成两个独立因子,没有出现明显的因子交叉载荷,除了 H53 和 H63 略低于 0.7 之外,其余因子载荷都在 0.7 之上,两个因子的累计解释率达到 63.949,变量效度良好。

(3)由表 4-14 可知,组织特征两个变量能够较好地区分开来,形成两个独立因子,没有出现明显的因子交叉载荷,除了 H72 因子载荷为 0.680,略低于 0.7 之外,所有因子载荷都在 0.7 之上,两个因子的累计解释率达到 82.867,变量效度良好。

(4)本研究通过产业协同能力来分析产业发展特性,由表 4-15可知,产业协同能力三个测量指标的因子载荷都在0.9以上,且很好地聚合成为一个因子,解释方差达到86.278,效度良好。

(5)由表 4-16 可知,市场环境两个变量能够较好地区分开来,形成两个独立因子,没有出现明显的因子交叉载荷,且所有因子载荷都在 0.8 以上,两个因子的累计解释率达到 81.746,变量效度良好。

表 4-12　创新技术感知的成分矩阵及解释的总方差

	成分			
	兼容性	复杂性	安全风险	成本节约
H11	0.696			
H12	0.958			
H21		0.782		
H22		0.589		
H23		0.866		
H31			0.946	
H32			0.919	
H41				0.895
H41				0.774
特征根	2.622	2.270	1.320	1.140
解释方差	29.131	25.127	14.671	12.672
累计解释方差	29.131	54.348	69.019	81.691

表 4-13　资源技术层面成分矩阵及解释总方差

成分	H51	H52	H53	H61	H62	H63	特征根	解释方差	累计解释方差
技术准备度	0.873	0.846	0.671				2.270	37.841	
商业关注度				0.753	0.787	0.581	1.567	26.109	63.949

表 4-14　组织特征层面的成分矩阵及解释的总方差

成分	H71	H72	H81	H82	特征根	解释方差	累计解释方差
高层支持	0.901	0.680			2.078	51.959	51.959
企业规模			0.941	0.952	1.236	30.908	82.867

表 4-15　产业发展层面的成分矩阵及解释的总方差

成分	H71	H72	H81	特征根	解释方差	累计解释方差
协同能力	0.920	0.940	0.926	2.589	86.278	86.278

表 4-16　市场环境层面的成分矩阵及解释的总方差

成分	H101	H102	H111	H112	特征根	解释方差	累计解释方差
潮流压力	0.925	0.860			2.130	53.252	51.959
政策支持			0.896	0.923	1.140	28.494	81.746

4.4.5　假设检验

在管理科学研究中,结构方程模型和多元回归分析是最常见的假设检验方法,结构方程模型通常适用于多自变量和多因变量的比较复杂的统计分析,多元回归分析则更多适用单一因变量、多自变量的统计分析,本研究属于后者,因此,选择多元回归分析方法对假设进行验证。

1.多元线性回归分析

在多元回归分析中,研究人员可以讨论一个自变量与因变量之间的关联,进而定量评价每个自变量变化对因变量产生的效应,并成为因果分析的依据。在本研究中,基于兼容性、复杂性、安全风险、成本节约、技术准备度、商业关注度、高层支持、企业规模、产业协同能力、潮流压力和政策支持 11 个自变量和企业 SaaS 采纳之间的关系建立相应的理论模型,分别提出了对应的 11 个假设,为了检验模型的合理性,并对假设进行实证检验,利用相关数据进行了多元回归分析,结果如表 4-17、表 4-18、表 4-19 所示。

由表 4-17 可知,多元线性回归模型的 R^2 为 0.816,表明模型拟合度良好,11 个自变量和因变量之间存在因果关系。由表 4-18 可知,显著性水平为 0.000,表明 11 个自变量对因变量存在显著影响,回归模型有效,可以进一步对相关假设进行检验。

表 4-17　多元线性回归模型的拟合效果

模型	R	R^2	调整 R^2	标准估计的误差
1	0.903	0.816	0.892	0.670

表 4-18　多元线性回归模型的方差分析

ANOVA						
模型		平方和	Df	均方	F	Sig.
1	回归	119.591	11	11.781		
	残差	104.409	9	0.490	23.636	0.000
	总计	224	20			

由表 4-19 可知,成本节约、技术准备度、商业关注度、高层支持和企业规模 5 个变量对企业 SaaS 采纳的影响不显著(显著性水平 Sig. 值大于 0.05),即这五个相关假设不成立。兼容性、复杂性、安全风险、协同能力、潮流压力和政策支持 6 个变量对企业 SaaS 采纳存在显著影响,即相关研究假设成立。其中,兼容性的影响最大,政策支持的影响略小,由此得出本研究模型的实证验证结果,如图 4-4 所示。

表 4-19　　各变量的回归系数及假设检验结果

模型	系数						假设验证结果	
	非标准化系数		标准系	1	Sig.	对应	是否	
	B	标准误差	试用版			假设	成立	
（常量）	0.916	0.778		1.178	0.269			
兼容性	0.548	0.289	0.434	2.895	0.001	H1	成立	
复杂性	0.144	0.315	0.130	3.139	0.000	H2	成立	
安全风险	0.198	0.205	0.193	3.479	0.000	H3	成立	
成本节约	0.105	0.274	0.085	0.382	0.211	H4	不成立	
技术准备度	0.335	0.317	0.273	1.121	0.291	H5	不成立	
商业关注度	0.401	0.257	0.309	1.562	0.153	H6	不成立	
高层支持	0.159	0.098	0.090	1.205	0.259	H7	不成立	
企业规模	0.004	0.160	0.005	0.127	0.279	H8	不成立	
协同能力	0.224	0.315	0.176	3.394	0.000	H9	成立	
潮流压力	0.171	0.372	0.144	2.460	0.000	H10	成立	
政策支持	0.112	0.263	0.109	3.045	0.000	H11	成立	

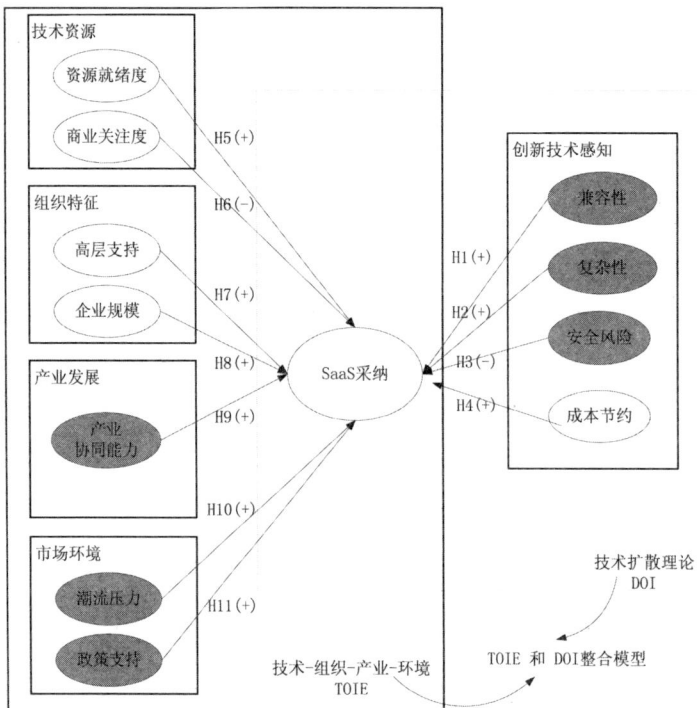

图 4-4　组织用户 SaaS 采纳影响因素模型

2. 多重共线性检验

变量之间的多重共线性是指多个自变量之间存在着显著的线性相关关系,即某个自变量是其他一个或几个自变量的线性函数,或者说自变量之间高度相关[177]。若自变量之间存在这两样的高度相关性,就会引起模型的失真,这种情况下得出的多元线性回归模型是不准确的。一般用容差和方差膨胀因子两个值来衡量自变量之间是否存在多重共线性:容差越小,多重共线性越严重,该值小于 0.1 时存在严重的多重共线性问题。通常用容差的倒数 VIF 来度量多重共线性:VIF 通常小于 10 表示可接受,小于 5 表示多种共线性可以忽略不计,当 VIF 大于 10 时表明自变量之间存在显著的多重共线性。由表 4-20 可知,本研究模型中所有变量的容差均大于 0.2,VIF 均小于 5,这说明自变量之间不存在明显的多重共线性问题,因此回归分析结果准确、可靠。

表 4-20　模型的共线性统计量

模型	共线性统计量	
	容差	VIF
兼容性	0.384	2.603
复杂性	0.433	2.307
安全风险	0.543	1.843
成本节约	0.389	2.573
技术准备度	0.345	2.898
商业关注度	0.525	1.906
高层支持	0.344	2.916
企业规模	0.616	1.624
协同能力	0.555	1.802
潮流压力	0.203	4.916
政策支持	0.486	2.059

4.4.6 控制变量影响分析

本研究选择企业规模、年收入、所属行业作为控制变量,为了分析控制变量对 SaaS 采纳的影响,我们以企业规模、年收入、所属行业作为自变量,以 SaaS 采纳为因变量来分析不同规模、不同行业企业在 SaaS 采纳时是否存在显著性差异,F 检验结果如表 4-21所示。可以看出,企业规模、年收入和所属行业的不同对 SaaS 采纳具有显著的影响(显著性水平均小于 0.05);进一步通过均值分析发现,SaaS 采纳不受企业规模影响,并不因为企业规模越大而导致企业更倾向于采纳 SaaS;而对信息管理要求较高的行业,如信息服务业、金融业,企业采纳 SaaS 的意愿明显高于其他行业。

表 4-21　企业规模、所属行业对 SaaS 采纳影响的 F 检验结果

		均值	样本量	标准差	标准误差	F	Sig.
企业规模	>1000 人	5.900	35	0.941	0.184	0.127	0.279
	500~1000 人	4.43	51	0.832	0.148		
	300~500 人	4.59	87	0.871	0.153		
	100~300 人	5.628	69	0.756	0.089		
	<100 人	4.52	25	0.600	0.074		
年收入	>1 亿	4.78	43	0.576	0.079	0.920	0.189
	5000 万~1 亿元	3.75	78	0.697	0.092		
	3000 万~5000 万元	6.31	65	0.825	0.103		
	1000 万~3000 万元	4.73	57	0.632	0.084		
	<1000 万元	5.67	33	0.681	0.087		
所属行业	制造业	4.50	32	0.960	0.195	7.626	0.000
	信息服务业	3.21	110	1.520	0.208		
	一般服务业	6.25	64	0.965	0.089		
	金融业	5.23	56	1.301	0.175		
	其他	4.94	30	0.987	0.204		

4.5　研究结论

以往基于 TOE 框架的相关研究表明,兼容性、复杂性、安全风险、潮流压力和政策支持都会影响企业 SaaS 采纳,而本研究通过理论分析和实证检验分析进一步发现,除上述五个因素之外,产业协同能力也是影响企业 SaaS 采纳的关键要素,因此将其整合到 TOE 框架之中,并由此提出了 TOIE 框架,即从技术资源、组织特征、产业发展和市场环境这四个方面对组织用户采纳行为进行考量。同时还整合了 DOI 理论模型,从创新扩散的角度来分析创新技术采纳影响因素的问题。模型一共涉及五大方面,十一个假设。问卷调研的分析结果表明 H1,H2,H3,H9,H10,H11 是有效的,其他的因素均无效,如表 4-22 所示。

表 4-22　假设结果

		假设	有效	无效
创新技术	H1	兼容性	✓	
	H2	复杂性	✓	
	H3	安全风险	✓	
	H4	成本节约		✓
技术资源	H5	技术准备度		✓
	H6	商业关注度		✓
组织特征	H7	高层支持		✓
	H8	企业规模		✓
产业发展	H9	协同能力	✓	
市场环境	H10	潮流压力	✓	
	H11	政策支持	✓	

4.5.1 SaaS 采纳的前景分析

目前,理论界和企业界都十分关注 SaaS 问题,并有了较为完整的认知。但通过调研分析发现,虽然大多数的企业仍未采纳 SaaS 服务,但 59％的企业用户都已经有过 SaaS 在线服务的免费体验经历。这说明,多数企业对采纳 SaaS 服务的需求和意愿比较强烈。为此,我们访谈了一些典型企业,并发现企业高层管理对采纳 SaaS 有着清晰的认识,并表示 5～10 年内 SaaS 会逐步在行业内普及。

从调查结果来看,企业通常不会一次性选择完整的 SaaS 服务,而最有可能选择的 SaaS 服务类型是协调办公系统、视频会议系统、客户关系管理,这三种服务类型使用门槛较低,且无论何种企业,无论是从事哪种业务,协调办公、视频会议系统以及客户关系管理对于企业开展业务都是必需的。这与当前学术界对于 SaaS 采纳的认知基本一致。

4.5.2 企业采纳 SaaS 服务的主要影响因素分析

本研究从创新技术感知、技术资源、组织特征、产业发展、市场环境等方面讨论了 SaaS 采纳的 11 个影响因素,包括:兼容性、复杂度、成本节约、安全风险、技术准备度、商业关注度、高层支持、企业规模、产业协同、潮流压力和政府支持。

1.创新技术感知方面

兼容性、复杂性、安全风险都是对 SaaS 采纳有着主要影响的一些创新技术相关因素。这一调研结果和以往的研究结果具有一致性。企业用户更倾向于采纳的创新技术应当具备以下的特点:与企业现有的 IT 设施兼容,满足企业的业务需求,实施过程不复杂,信息安全有保障。这些因素都是在调查中超过半数的调查者选择"非常同意"的内容。

另外,在此研究中发现成本因素对组织用户采纳行为并没有产生预期的影响。很多研究都显示,对于云计算和 SaaS 服务来说,成本节约是能吸引用户采纳的主要因素。但此次的研究中却发现用户并不认可 SaaS 服务会为企业节省运营费用。由于这一现象与现有普遍存在的有关 SaaS 服务采纳的实证调查结果有明显的不同,作者针对这一现象回访了部分受访企业,总结其原因主要为大型企业在采纳 SaaS 服务后,企业的组织架构会随之变化,以适应这种新型服务交付模式的使用和管理,并需要为此安排 SaaS 模式所需要的预算、商业计划、人员配备(详细回访记录及分析请参看"附录 B 回访记录——大型组织用户 SaaS 服务采纳面临的挑战")。与中小企业相比,这种适应性变化和创新性变革是尤其复杂和困难的。对此,受访者及其所代表的企业也是高度认同的。在运营管理方面,企业需要开发新的企业能力类型来掌控 SaaS 服务,这仅依靠以往的经营积累出的经验能力还远远不够,甚至可能会导致失败。因此企业需要开展系列的培训,培养 SaaS 技术人员又或者进行市场招聘,这无疑为企业增加了一定的运营成本;在资源配置方面,受访企业表示,在 SaaS 模式大范围应用实施之前,应调研查明企业有哪些需求,确保相应的投资及预算到位,配备相应的人力资源,以及制定相关的工作流程和管理制度等。有了这些准备工作,可以在企业内部进行小规模的实验性操作,进而对这一采纳的复杂性和所需的专业知识有一个清晰的认识。这一系列的准备及试运行工作都为企业增加了人工及运营费用;在组织架构方面,有受访者认为,那些重要的应用程序和信息可以交由 SaaS 供应商进行维护,但必须保证在本地存储,在企业内部的 IT 系统上运行。如此一来,如果企业在使用 SaaS 供应商提供的核心应用的过程中,对其中部分功能不甚满意,这部分应用程序可以立即由企业内部员工来接管。这就意味着,用户可能需要支付高于其最初预算的购买成本。企业用户在最初评估 SaaS 系统成本花费时,理应考虑这部分成本的可能性和合理性,并纳入预算内。

由此可见,虽然 SaaS 模式的付费方式是即付即用,或者是企业基于一些指标(查询数量、数据量等)按月或按年支付费用。但是对于成长中的中型和大型企业而言,这种 SaaS 模式可能随着业务的发展来进行扩展。那么如果将转移现有的技术工作负载到新的 SaaS 平台的人工费、培训费和管理费用也算入采纳 SaaS 的费用来看,这或许不是一个小的数字。这也就解释了为什么在此次的调查过程中,成本节约的假设没有成立。

2.技术资源方面

本研究发现技术资源方面的两个因素,技术准备度和商业关注度都不是影响 SaaS 采纳的关键因素。在此次的调查中有超过半数的(66%)的企业都是拥有 300 人以上的中型甚至是大型企业,这些企业本在技术、财务和人力方面的资源就是比较充分的。但是这样充足的客观条件对企业采纳 SaaS 服务的决策并不起明显的作用。在实施时,考虑最多的不是资源准备度的问题。商业关注度中企业用户对服务的可用网络带宽和云存储资源并不是很关注,也不具备敏感性。这可能还是由于受访者对 SaaS 服务的认知度还处于一个比较低的水平,还没有意识到企业在采纳 SaaS 服务以后,随着其数据的增多和功能的扩展,对网络带宽和存储资源的需求会不断加大。

3.组织特征方面

本研究发现组织特征方面的两个因素对 SaaS 采纳决策几乎不存在影响。高层支持没有显现出其影响性,可能是被访企业的高层管理团队对 SaaS 服务的方式和特点,尤其是 SaaS 的优点,能为企业带来哪些优势等信息,缺乏深入的了解。此外,大数企业并未从战略层面来思考 SaaS 采纳对企业发展的影响,因此,高层支持似乎显得并不重要。我们的数据表明超过 66.7% 的被访企业中高层支持人员的支持度是在偏低的水平。如前文提到,被访企业中有超过半数的(66%)的企业都是拥有 300 人以上的中型甚至是大型企业。对于中大型企业来说,其采纳的动机和小企业是不同的,大型企业拥有丰富的资源条件,他们更关注服务的安全性和可靠性,但目前 SaaS 服务的安全性和可靠性还有待提高,这就造成大企业用户持续观望的可能。许多研究和市场发展的实际情况都表明中小企业用户才是 SaaS 采纳的主力军,这有可能是造成有关企业规模越大越增大 SaaS 服务采纳意愿的假设不成立的原因。

4.产业协同方面

产业协同能力对 SaaS 服务采纳的影响是有效的,符合研究假设中提到的产业协同能力越高越促使用户向 SaaS 服务转移。当前 SaaS 产业的发展正处于起步的阶段,其整体的管理水平、技术水平和资源配置都还不够完善。用户们已经意识到产业协同能力的高低会对产业发展产生直接的影响,如果产业的整体管理效率低下、产业链成员企业之间信任度低、技术垄断性强、SaaS 服务标准不健全、存储资源重复建设,这样将极大地影响 SaaS 服务的质量、服务价格以及用户体验度。这一结论正好也印证了当下市场的实际交易情况。

5.市场环境方面

市场环境方面中的两个因素:潮流压力和政策影响都是对采纳有着一定影响力的因素。市场竞争对 SaaS 采纳起正面作用,这和研究假设是一致的。企业想要在竞争激烈的市场环境中保持其业务的持续增长,需要对新型技术的出现表现出更活跃和更快速反应的行为态度。受访企业一旦认为 SaaS 服务的引入能增强他们的竞争实力,在竞争环境中立于不败之地并得到足够的竞争优势,他们就会果断决策采纳 SaaS 服务。另外,调查还表明政府支持对 SaaS 服务是有正向引导作用的。政府的支持的手段可以是通过建立相关技术标准对客户的数据进行保护、降低网络宽带资费、减免硬件和软件购买的税收、提升国家的 IT 基础建设水平、鼓励国有企业和政府机构先行使用 SaaS 服务等。

4.6　本章小结

虽然 SaaS 这项创新技术已经进入中国市场近十年,但实际上对于国内的企业来说,SaaS 还是一个相对比较新的信息技术。第 3 章和第 4 章的总体目标就是构建采纳模型,找出究竟哪些才是影响中国企业采纳 SaaS 服务的因素。第 3 章构建了 TOIE 和 DIO 的整合模型,从五个方面(创新技术、技术资源、组织特征、产业发展、市场环境)对 SaaS 采纳行为进行分析。实证研究的结论表明只有创新技术、产业发展和市场环境这三方面对 SaaS 采纳行为起作用,而技术资源(包括技术资源准备度和商业关注度)和组织特征(高层支持和企业规模)对组织用户的 SaaS 采纳行为并无明显的影响。在创新技术、产业发展和市场环境这三方面内容中,真正影响国内企业采纳 SaaS 服务的因素总共有六个:兼容性、复杂性、安全性、产业协同能力、潮流压力、政策支持,而成本节约性并未显示出它对 SaaS 采纳行为的推动力。

目前,国内有关针对组织用户对 SaaS 服务的采纳研究还是非常有限的,尤其是从实证研究的样本中凸显的中型或大型企业采纳行为特点的研究结果少之又少。第 3 章和第 4 章是在现有的理论基础上,第一次提出将产业作为考量采纳行为的假设因素,并在第 4 章的实际问卷调查的结果中印证了这个设想。实证调查表明产业的协同发展能力会对用户采纳 SaaS 这项创新性信息技术产生影响。这一结论与目前学术上广泛存在的,针对创新型技术采纳的影响因素研究结论相比,有着其研究的独创性和贡献性。

针对这一研究发现,本研究将在接下来的第 5、6、7 章,针对 Saas 产业发展的情况做一详细的分析和论述。基本的思想路线如图 4-5 所示。第 5 章首先对 SaaS 的产业链的形成进行分析,构建 SaaS 产业链的基本结构,剖析产业链协同网络分析和动因分析,通过构建产业链内部成员间的协同模型分析产业成员间的协同博弈行为。第 6 章将基于价值网的理论构建 SaaS 产业链协同模型协,进而通过 SaaS 产业链协同投入博弈均衡分析构建 SaaS 产业链的投入博弈模型。第 7 章将通过构建 SaaS 产业链的协同能力评价体系,再由实证分析结果得出目前 SaaS 产业的协同能力水平,并针对这一结果找出存在于产业间的问题,提出相应的政策建议。

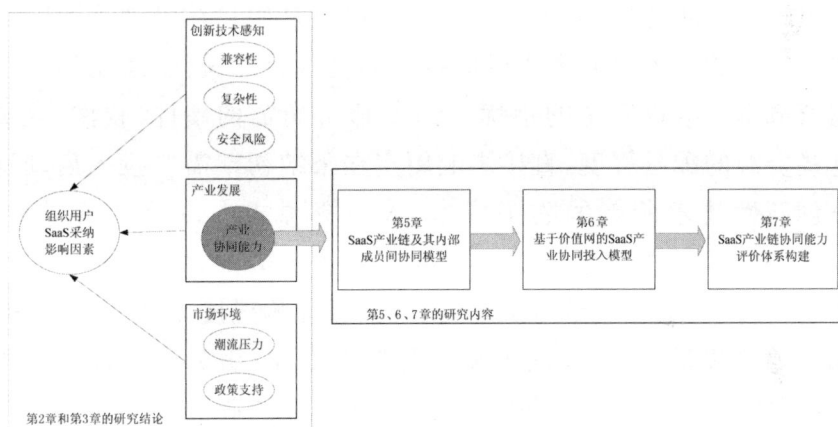

图 4-5　第 5、6、7 章思想路线图

第5章 SaaS产业链及其内部 成员间协同模型

从第4章的实证结果可以看出,影响组织用户采纳的主要技术因素包括兼容性、复杂性、安全性,这就是用户在采纳决策时最关注的问题。用户们之所以对技术的这些特点关注,还是源于对运营成本和数据安全的担忧。SaaS服务所需的硬件、软件、人员这些资源的配备程度,直接影响用户在采纳初期需要投入启动这一创新性技术所需的购买成本、人力资源成本以及运营成本。SaaS服务实施的复杂性也是一样。企业希望得到的服务效果是简单易行的、服务质量是稳定可靠的、服务响应度是及时有效的。用户的这些要求,从表面上看只是针对SaaS服务供应商。而事实上,要实现用户满意的服务效果,是整个产业链的一系列相互配合、环环相扣的连锁反应成就的。这不只和产业链中各成员有关,还和整体的产业链所处的环境,以及这些外部因素之间协同配合的能力有直接密切的联系。只有产业链之间的各成员方相互合作,良性竞争,不断提高各节点企业的竞争力,才有可能把SaaS市场做大,形成网络式合作模式,把产业链上游的硬件设施提供商、中游的独立软件开发商以及服务供应商和下游的广大的企业用户群体有机地联合一体,实现创造整个链条利益最大化。

因此,产业协同能力对组织用户是否采纳SaaS服务起着关键的作用。为了促进组织用户向SaaS服务模式的转移,营造一个良好的产业链发展环境,首先需要对SaaS产业链现状及其面临的问题有客观的认识,进而形成SaaS产业链协同管理的指导思想,以期望为构建Saas产业协同网络模型打下坚实的理论基础。本章将从 SaaS 产业链的定义着手,分析 SaaS 产业链的结构及其协同网络,并以 SaaS 服务提供商与网络服务提供商为例构建 SaaS 产业链成员协同模型,分析成员之间的协同关系,为理解SaaS 产业链协同提供有益启示。

5.1　SaaS 产业链的形成及关键技术

5.1.1　SaaS 产业链的形成

1. 传统产业链

产业链是一种链条式关联关系形态,遵循特定的逻辑关系和时空布局,由各个产业部门基于一定的技术和经济关联而客观形成的。

以传统软件产业链为例,软件本身是无形的,它是计算机数据和指令按照特定规律组合而成的集合体。在传统软件产业中,用户只有通过购买存储在光盘或者其他介质上的软件产品以获取软件产品的代码和序列号,才能使用软件。传统软件产业链的构成主体相对简单,即软件供应商、软件分销商和软件消费群。供应商方面包括软件开发者和存储介质生产商。软件提供商主要负责软件的生产,包括需求分析、软件设计、软件开发、软件测试、软件集成和软件生产,同时还向软件用户提供软件售后服务,包括软件安装、软件升级、软件配置,使用培训等。软件的需求分析到集成的过程,软件是数字化无形的,到了软件生产的环节,通过将这些无形产品进行存储和包装,将软件变为有形产品以供市场销售和消费者群体的使用。软件分销商将包装后的软件产品通过分销渠道,转销给零售商,最后到达消费者手中。图 5-1 展示了传统软件产业链结构。

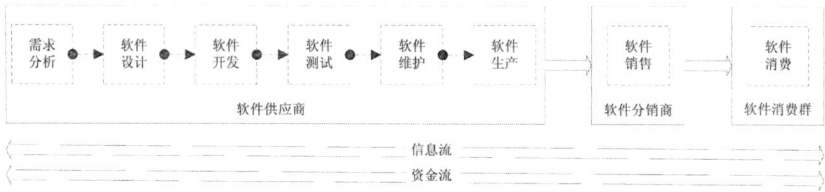

图 5-1　传统软件产业链结构

　　传统软件产业在发展过程中遇到了一些瓶颈,例如:在传统软件产业中,软件生产,特别是大型软件的生产时间都比较长,而市场环境不稳定,导致用户对环境的适应性和实践需求不断更新变化。软件开发在进行过程中,由于最初需求的改变可能导致开发工作在进行过程中无法与客户需求匹配,导致最终无法满足客户的需求。另外,在传统软件产业中,由于产品序列号是实现软件使用的关键信息,其高额的购买正版费用导致了盗版软件的产生,使得软件开发商承担巨大的盗版风险。目前,虽然一些小型的软件已经可以脱离介质在互联网络环境中得到应用和传递,但不成熟的网络环境还无法保证大型软件的流通,更无法减轻盗版市场对软件开发商的冲击。

　　用户对软件的关注点重在软件产品本身的功能性。尤其是对于那些信息化建设还不够完善的中小企业用户来说,在传统的软件产业模式下,购买软件,可能意味着购买配套的硬件,还要配备专业技术管理人员对软件、硬件以及使用进行安装、配置、维护和使用培训。这无疑为用户增加了许多消费成本,增加了企业的运营成本,延缓了企业信息化建设的进程。

　　2. ASP 软件租用服务

　　ASP(Application Service Provider)的含义是应用服务供应商,它是随着互联网的发展营运而生的一种崭新的产品及服务模式[178]。其本质在于:用户需要运行的软件部署在 ASP 的服务器中,由 ASP 负责提供维护软件运行所需要的软件和硬件环境,并同时负责相关的维护、管理和更新,用户则是通过租赁的方式获得软件的使用权,所有这些服务的交付都是基于互联网实现的。

ASP 整合了人员、硬件、软件和网络技术,提高社会资源配置的效率,推动了社会经济加速向前发展。

ASP 模式下进行软件开发的活动方式和传统软件模式是非常类似的。不同的是,ASP 模式中,软件开发出来以后,不再需要借助介质包装为有形商品,而是继续以一种无形的形式,通过网络进行软件交付。ASP 模式中所有的功能和服务都是无形的,通过网络进行流动和传递,在整个产业链上摆脱了作为存储介质的参与。传统软件模式到 ASP 模式的转变实际上就是从工业产业链到服务产业链的一种转变。

ASP 模式的产业链的一般结构如图 5-2 所示,产业链成员包括:独立软件开发商、设备提供商、服务运营商、客户服务提供商、ASP 服务商和用户群。

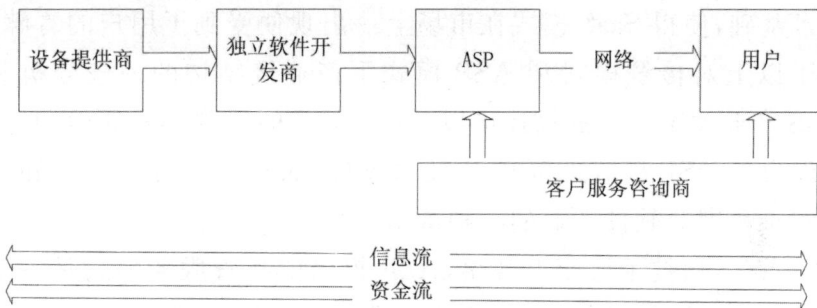

图 5-2　ASP 模式结构图

独立软件开发商负责提供应用软件和中间件程序,例如,SAP、Microsoft、IBM 等著名 IT 企业。设备提供商包括网络设备提供商和硬件设备提供商,为服务运营商提供服务器、数据库、网络设备硬件和网络设施,以及相关的硬件和网络环境。服务运营商负责将这些合作伙伴提供的服务进行整合,并提供给用户使用。客户服务提供商包括专门的客户服务企业和提供 ASP 业务咨询服务的企业。用户作为服务的消费者,使用软件功能并支付租金,同时通过网络对应用程序提供者提出软件方面的建议。

然而 ASP 模式在还未形成成熟的价值链之前就宣告失败了。大多数的学者们和商业界人士将其失败的根节归纳为技术原因和时代原因。一方面,当时互联网环境不成熟,网络带宽不能够适应大量数据的传递导致服务不稳定;另一方面,在这种服务托管方式刚起步的时代,用户的普遍接受度还很低,多数用户对第三方托管数据的形式表示担忧。实质上,从产业链的角度来看,ASP 这种一对一的软件租用模式,使得整个产业链的供求伸缩性变得异常紧张,对于用户来说其定制功能的范围也很局限,这种服务模式无法面对快速更新的市场变化和需求,这可能都是ASP 失败的原因。

3. SaaS 产业链

SaaS 是基于 SOA 技术和 Web Services 技术,在云计算提供的底层资源基础之上,以及 ASP 模式的体验这三者的共同促进下发展形成的。这三者为 SaaS 的出现提供了有力的软件和硬件技术基础,使得 SaaS 模式在市场上一出现便受到了用户的青睐。基于以上对传统模式和 ASP 模式下产业链结构的一般分析和SaaS 产业关键技术的描述可以看出,SaaS 的出现不是偶然的,它不仅仅是 ASP 模式的简单升级和改良,而且是一种从技术和应用双重角度对软件产业的一种革新。

首先,从技术层面上观察,ASP 提供的托管服务形式是一对一的模式,针对不同的用户提供不同的软件应用。SOA 技术的引入,让 SaaS 实现了为用户提供一对多的软件服务模式。大部分的 SaaS 应用在网络服务器和用户之间都设计了中间层,负责处理用户的个性化需求。这一设计避免了因为处理用户的定制、扩展性需求以及多用户效率问题对应用的核心代码和业务逻辑的影响,有效提高了 SaaS 服务的稳定性,同时减低了软件应用二次开发的成本。从产业发展的角度分析,SaaS 这种一对多的软件服务模式,有利于产业产生规模效应,有效解决了 ASP 模式下整个产业链供求关系的不对称性和资源短缺问题,提高了产业生产效率,形成了 SaaS 服务提供商和用户双赢的有利局面。

其次,从应用层面上观察,由于技术局限性和发展周期短等原因,ASP 模式的服务领域非常局限,仅涉及应用系统的托管。

SaaS 模式不仅可以像 ASP 模式一样提供应用托管服务,还可以为企业提供更多样化、多功能的服务,如智能办公系统、财务系统、企业资源管理系统等。不仅如此,SaaS 还具备将这些不同的应用集成到一个平台上,用户可以通过一个网络入口调取不同的应用。SaaS 的这一优势特点有效扩展了互联网应用,引起了更多的行业和用户的关注,为产业发展的可持续性奠定了必然的可能。鉴于 SaaS 应用服务是基于网络发展而来的,伴随着互联网技术的快速发展,网络服务提供商将呈现在 SaaS 产业链中越来越重要的作用。

5.1.2　SaaS 产业的关键技术

软件交付模式是在软件租用模式的基础上发展而来的,这一转变中离不开软件技术的支持。ASP 模式是一种软件交付方式的创新,提出了以用户为中心的新概念。但 ASP 最终没有达到市场预期的效果还是源于硬件和软件技术的限制。面向服务的软件工程技术的出现和进步改变了软件使用的模式,尤其是 SOA 技术、Web Services 技术、云存储技术、虚拟化技术和数据管理技术的发展和进步,为软件租用模式的发展提供了坚实的硬件和软件基础,从而赢得了更多用户的认可。下面将对 SaaS 产业中的关键技术做一简要分析。

1. 面向服务的架构

面向服务的架构(Service Oriented Architecture,SOA)是将网络中受访的业务细分为一系列相互关联的子服务内容或一定数量的可重复的业务任务,通过二次组合形成另一个独立的服务内容或业务任务[179]。SOA 的这一特征不但实现了灵活、快速地针对用户需求和市场环境对业务流程做出改变,同时还提高了软件在不同平台系统下的新功能适应性。SOA 是由面向组件的架构(Service Component Architecture,SCA)和服务数据对象

(Service Data Objects,SDO)两个部分构成[180]。SCA 是 SOA 的核心技术,主要用于简化服务组件编程,为单个服务组合成一个服务网络提供可执行的模型。这项技术有助于程序员将关注点集中在核心业务逻辑上,免去了在复杂的中间件接口编程工作上耗费精力和成本。SDO 用于处理程序的数据,可创建数据、读取和删除数据以及数据升级等。SDO 的特点是可以实现对数据格式的屏蔽,不论下层数据的格式是什么,程序员通过直接访问数据,将数据送回数据源后再对数据源进行锁定。这一特点有助于程序员在不影响客户终端操作运转的前提下,对数据进行正常的维护和处理。

2. 网络服务(Web Service)技术

面向服务的架构的实现方式有多种,其中 Web Services 技术是目前最好的实现手段。这种技术能在不借助第三方软件或硬件的条件下,实现不同应用之间的数据交换,即使这些应用各自运行在不同的主机或使用不同的语言、平台或内部协议。网络服务是建立在一些已有常规的产业标准和技术之上的,如标准通用标记语言下的 XML,HTTP 等。网络服务技术的统一性和标准性也减少了应用接口的花费,它为企业内部甚至是企业群体之间提供了更通用的 IT 整合方法。网络服务为不同软件应用间的通信和互操作提供了一个简单易行的方法和渠道,事实上网络服务技术本身就是一种 SOA 构架[181]。采用基于网络服务的 SOA 的分布式系统的方法构架的应用程序可以实现将功能转化为服务交付给用户。网络服务技术同 SOA 的结合提高了对现有系统资产的利用率,促使不同企业的应用程序之间保持一致的基础构架部署,缩短了应用软件产品的设计过程,节省了开发成本,有利于软件产品的升级和改进,降低了产品开发的风险。

3. 云存储技术

SaaS 服务离不开云计算提供的底层资源支持。实现软件服务的一个重要的部分就是要实现数据的高可靠性、高吞吐率和高传输率的存储。云计算采用的冗余存储的方式是云计算中保证数据存储可靠性的技术。这一技术通过将同一份数据存储为多个副本数据的方式实现了同时为多用户提供服务的可能。不仅如此,这种冗余存储方式更有效满足了云计算用户对数据交换过程中高吞吐率和高传输率的要求。云存储是一个以数据存储为核心的云计算系统,由多部分组成的系统,包括网络、存储设备、应用软件、访问接口和服务器等[182]。它基于分布式处理、并行处理和网格计算等技术,通过应用软件将协调不同类型的存储设备,共同处理数据存储业务。

5.2　SaaS 产业链结构及协同网络分析

5.2.1　SaaS 产业链的内部结构

产业链分析是构建产业协同网络的基础和重点。迈克尔·波特在其自著《竞争优势》中对相关联的产业的价值链的分析与"产业链分析"是相通的。产业链是以生产相同或相近产品的企业集合所在产业为单位形成的价值链。产业链中的各企业承担着不同的价值创造职能,通过信息流、物流、资金流的相互联系,实现了从原材料采购到半成品加工,最终形成成品,通过销售渠道交付给用户的过程。对产业链分析的前提是要明确存在于产业链各个环节的角色责任和他们之间的关系。基于这些现实存在的角色和关系找出产业链上协同发展的契机。

SaaS 软件产业链的结构如图 5-3 所示。与传统软件模式比较后可以看出,在 SaaS 产业链中,独立服务提供商承担了传统软件模式中软件提供商的角色,所不同的是,独立软件提供商不直接面对用户。它所需要关注的仅仅在于软件的开发,而不用在软件销售和防止盗版等问题上耗费大量的精力和成本。SaaS 服务提供商将直接面对用户,负责将独立软件提供商开发出的软件以在线租赁的方式为用户提供软件服务。

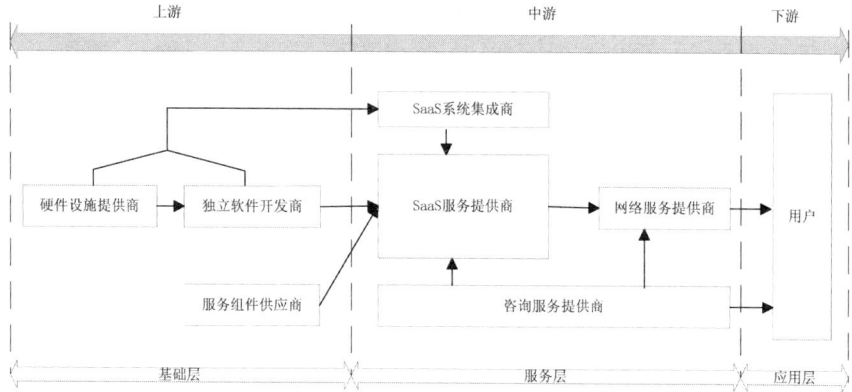

图 5-3 SaaS 软件产业链的一般结构

1. 硬件设施提供商

硬件设施提供商主要为 SaaS 服务运营商提供服务器、数据库、数据存储等硬件、网络设施和终端,以及相关的硬件和网络环境,包括硬件设备提供商、网络设备提供商和终端设备提供商。

2. 独立软件开发商

独立软件开发商除了向 SaaS 服务提供商提供软件产品以外,还提供一些 SaaS 软件开发工具和中间件,同时还为 SaaS 基础设施及运营服务提供商供应一些计费管理和检测网络和数据安全性的软件。目前,鉴于 SaaS 产业发展的并不完善,SaaS 服务运营商大部分是那些在传统软件行业中发展成熟、实力雄厚的厂商转型而来。这些厂商转变为 SaaS 运营商就意味着他们不但要继续从事软件产品的设计开发的任务,还要找寻硬件设施提供商,从而提供平台运营服务。也就是说,服务业务对于一个从事软件开发的厂商来说并不占据其核心业务的地位。如此一来,在 SaaS 使用的过程中,如果出现软件病毒或木马侵占,将会导致服务质量下降,严重影响用户对 SaaS 服务的接受度,会对整个行业的发展起反作用。

3. 系统集成商

针对客户的需求和 SaaS 应用的复杂度,在实现一些规模相对较大的应用服务时需要系统集成商的参与,协助 SaaS 服务提供商共同完成项目咨询、软件配置、人员培训、数据迁移以及与企业内部硬件系统集成等工作。

4. SaaS 服务提供商

SaaS 服务提供商处于产业链中最中心的位置。从用户的角度来看,它们负责对 SaaS 系统的运行进行部署、配置、维护和更新,以保证服务水平达到 SaaS 系统消费者满意的程度。目前的 SaaS 服务提供商主要有两类:一类是专门为 SaaS 业务建立的新兴 SaaS 服务提供商,这类厂商组建之初采用的是与 SaaS 产业匹配的先进的互联网技术和营销途径,但其受新兴企业的限制,还需要通过长时间的稳定的服务质量赢得更多的客户市场;另一类是由传统软件提供商发展而来的 SaaS 服务提供商。这类厂商的优势在于已经在市场中建立了其良好的品牌和稳定长期的客户群,但因其需要由传统软件应用向 SaaS 转型,所以在技术和运营模式上都存在一定的挑战。

5. 网络服务提供商

网络服务提供商为 SaaS 运营提供必要的网络环境和管理服务,例如:网络带宽、24 小时网络服务、系统恢复与备份、负载均衡和客户服务中心等。扮演这类角色的厂商一般是 ISP、电信运营商等。电信运营商一般都已经在各省、市、县级建立了自己的分支机构,这为 SaaS 服务市场开展业务营销和技术支持工作提供了便利的条件。同时,网络运营商成熟的计费和结算系统,也可以为 SaaS 模式运营的发展提供基本条件。

6. 服务组件提供商

服务组件提供商是一些为实现 SaaS 服务的网络服务和网络

技术被程序调用提供调用程序接口的厂商。SaaS 应用软件提供商可以通过重新对这些服务组件的组合构建新的服务内容。目前在 programmableweb.com 上的服务组件综述已超过 410 个。

7.咨询服务提供商

咨询服务提供商是为产业链中的各节点企业提供 SaaS 技术和商业运营建议的一些咨询企业。在目前 SaaS 产业的发展初级阶段,市场中还没有形成专职提供 SaaS 服务的咨询提供商。他们中的多数还是提供 IT 咨询服务为主营业务的咨询企业。但是,对于企业来说,确实很需要第三方机构对 SaaS 产业市场现状、企业内部情况和发展前景做一分析,为企业是否有必要实施 SaaS 模式以及为用户选择何种合适的 SaaS 服务提供专业建议。

8.用户

用户是 SaaS 软件服务市场的需求方。包括组织用户和个人用户。因为对于大型企业来说,IT 资源相对丰富,并有一定的财务能力,完全可以实现自主开发 IT 服务的功能。他们中的大多数还停留在仅仅将 SaaS 服务应用在一些非核心业务上。而对中小型企业来说,由于它们中的多数 IT 构架尚不完善,资金能力有限,还没有足够的实力独立开发软件或者购买软件。面对快速变化和激烈竞争的市场环境和业务环境,要适应软件的更新换代,中小企业不得不考虑对 IT 投入的持续性,以保持企业发展中业务运转,并快速响应客户的需求。通过 SaaS 模式,企业将 IT 服务外包给 SaaS 服务运营商,不但减轻了 IT 建设的高额成本,而且将企业从软件的开发、维护和管理等繁重的工作中解脱出来。

虽然在分析产业链组成时是将 SaaS 产业链上各不同角色看作相对独立的,但在实际的 SaaS 市场运营过程中,更多的是一个供应商同时肩负着数个产业链成员的角色。例如:类似于微软这样由传统提供商发展而来的 SaaS 服务提供商实际上是独立软件提供商和 SaaS 服务提供商的集合,它完全实现自主完成软件的设计、开发、维护、测试等步骤，然后又将软件软化为服务，直接面向客户提供 SaaS 服务。又例如，由 SAP 和中国通信服务公司合资成立的中数通公司，实际上是 SaaS 服务提供商和网络运营商的集合。

5.2.2　SaaS 产业链的外部环境

SaaS 产业链的外部环境包含三个层面：社会环境、信息产业环境、SaaS 产业环境。三个层面相互作用，共同构成 SaaS 产业链的外部环境。

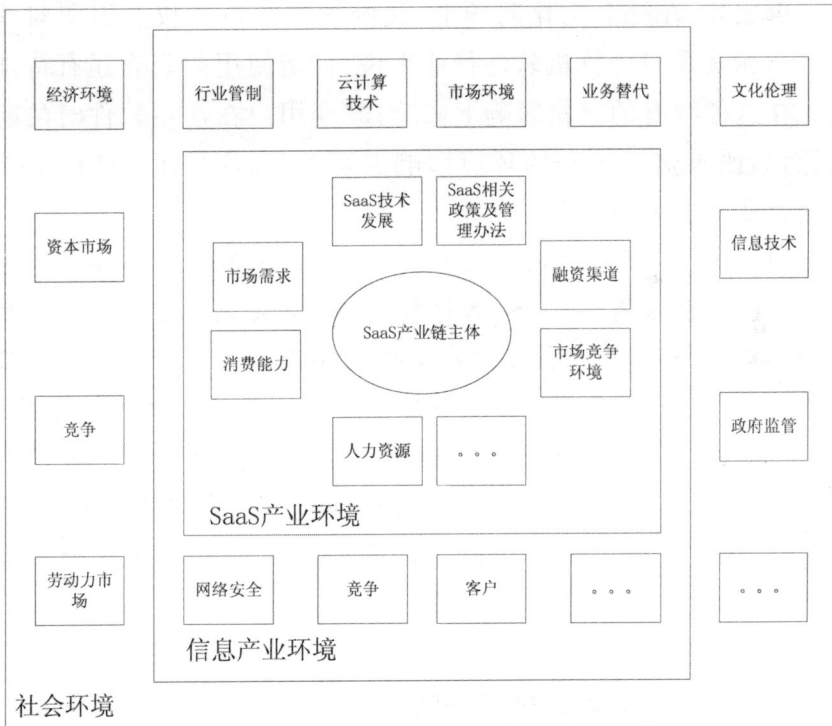

图 5-4　SaaS 产业链外部环境构成图

SaaS 产业链的外部环境中包含的因素很多，例如，政府监管、市场环境、人力资源和社会文化等。这些环境因素时刻在影响着产业链主体以及整个 SaaS 产业的发展。

比如，政府监管就是不容无视的环境因素，它在任何一个产业链中都起着举足轻重的作用。近年来,中国政府大力提倡信息化发展,从政策上为中小企业信息化进程提供优惠和支持。然而中小企业的信息化发展势必推动软件行业的进步。SaaS 模式恰恰帮助中小企业实现了低成本和快捷实现企业信息化的目标。

类似的,人力资源也是一个很重要的环境因素。信息产业具有科技含量高和变化快速这些特点,要支持这种类型的行业发展,离不开多层次、复合型、国际化的综合性技术人才[183]。SaaS 作为一种基于互联网提供服务的创新性模式,尤其需要那些熟练掌握软件技术和 SaaS 平台的创新性人才,以确保用户使用的兼容性以及数据的安全性,同时更有效地向市场推广 SaaS 服务。

再比如,在社会文化问题上,我国国民知识产权意识相对淡薄[184],尤其是对计算机软件行业来说,付费使用的观念还有待加强。在这种特有的文化影响下,如何改变用户在使用软件时的购买意识,改善这一不利的环境影响因素对 SaaS 行业发展的影响正是行业发展中值得关注和思考的问题。

另外,资本市场和融资渠道同样是 SaaS 产业外部环境中不可忽视的影响因素[185]。SaaS 这种高技术产业具有高风险和高利润的特点,已经超出了传统融资渠道所能满足的范围。因而风险资本将成为实现 SaaS 产业的发展的途径。相比外国发达国家,中国目前还达不到对新技术的风险投资的普遍性。这一现象和我国现存的高新技术企业的技术转换环境不成熟有关。因此,未来存在 SaaS 产业中的一个严重的阻碍将可能存在于资金的问题上。

5.2.3 SaaS 产业链协同网络

SaaS 产业链中各个环节相互关联,每个环节设计的节点成员对 SaaS 产业的总体发展都起着重要的作用。在 SaaS 产业发展的起步阶段,产业中急需有实力能带领产业发展的关键性企业的主导,将产业链中的资源进行合理分配,整合产业链各环节,使

SaaS 产业的整体趋向网络化、成熟化发展。现有的产业体系中已经出现了一些成员之间通过相互协作产生的竞争和合作关系（产业结构如图 5-5 所示），当然，目前的协同网络还存在不稳定性，需要进一步改善和加强。

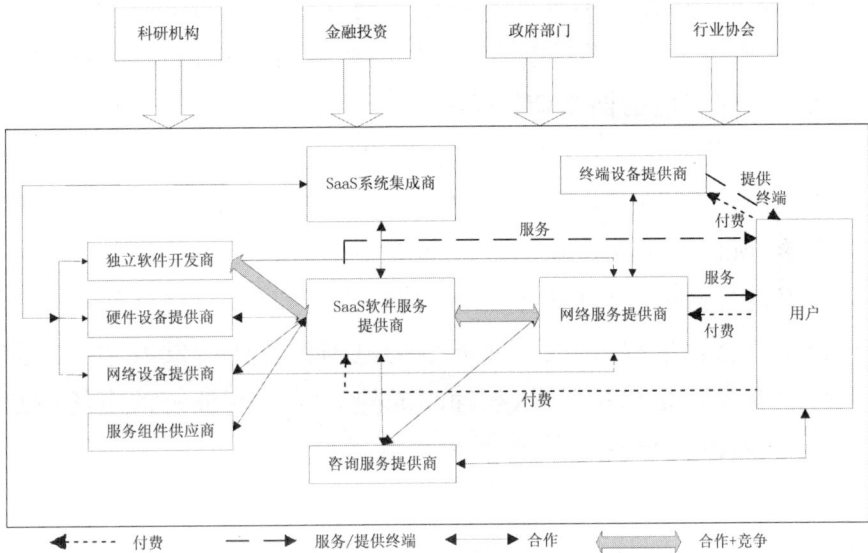

图 5-5 SaaS 产业链协同网络分析图

硬件设备提供商、网络设备提供商、独立软件提供商和服务组件供应商承担着向 SaaS 服务提供商提供硬件和软件支持这些基础条件的角色，独立软件开发商专注于软件的应用开发，是整个 SaaS 产业链的物质来源。它所面对的对象仅仅是 SaaS 软件服务提供商。同时，独立软件开发商还为硬件设施提供商、网络设备提供商以及网络服务供应商提供一些供其管理和计费的软件。网络设备提供商为网络传输的实现提供必要的网络基础设施。在某些复杂的系统，需要系统集成商协助 SaaS 软件服务商共同为用户提供项目咨询、软件配置、人员培训、数据迁移以及企业内部硬件系统集成等工作。

软件服务提供商是 SaaS 产业的最核心的服务层的关键环节，它整合软件和硬件设施，进行直接面向用户提供应用软件服务。SaaS 咨询服务提供商不仅为 SaaS 服务提供商提供咨询服务,而且为用户提供 SaaS 系统运营管理以及技术方面的咨询建议,同时还为软件服务提供商和产业链中其他的各企业提供技术咨询、市场咨询和定价咨询等服务。网络服务提供商在产业链的服务层中同样占据着不可替代的作用,它是 SaaS 服务最终实现的桥梁性角色,连接了软件服务提供商和用户。网络服务提供商为 SaaS 服务的实现提供网络资源,如机房、设备、带宽等,同时面对用户收取相应的网络使用费用。

SaaS 服务的服务对象是个人或组织用户群。SaaS 服务采纳者还是中小型企业居多。产业链最终还是依靠用户消费来实现价值的,所以用户对产业的发展和繁荣具有举足轻重的作用。对用户来说,选择适合其业务流程的 SaaS 服务类型,将有效推进用户企业信息化进程、扩大其业务市场范围。产业的发展和用户对产品的满意度是相互促进、相辅相成的。SaaS 产业链的市场前景非常广阔,由于很多软件类型有普遍适应性,所以其应用领域涉及的行业范围非常广泛。那么如何在这具有发展前景的市场中占据稳定不败的地位将是 SaaS 产业要面对的挑战。虽然目前 SaaS 服务提供商已经积累了一部分客户群,对 SaaS 服务存在一定的信心和美好期望,但这一正面的数据还只存在于个别行业中,还未实现 SaaS 服务的规模化和成熟产业化。为实现产业中各节点企业的最大盈利,将产业链做大做强,要依靠各成员的共同协调配合。

从图 5-5 中可以看出,SaaS 服务提供商占据着 SaaS 产业链中核心的位置,拥有最丰富的信息资源并且是产业链的调控中心。这一优势将有利于 SaaS 服务提供商引领整个产业链的品牌效应和技术创新。SaaS 产业发展至今主要存在两种不同类型的服务提供商[186]:一类是平台型 SaaS 服务提供商,另一类是产品型 SaaS 服务提供商。从 SaaS 服务提供商的角度看,这两种类型的 SaaS 服务提供商在产业链中的角色是不一样的,产品型 SaaS 服务提供商的软件来源于本企业或其下属子公司。平台型 SaaS 服务提供商的软件来源于第三方企业,SaaS 服务提供商本身只负责服务运营和支持。但是如果从独立软件开发商角度来看，这两种模式的主要区别在于，是独立软件开发商自检平台还是与第三方独立平台合作进行软件交付。

在 SaaS 产业链协同网络的主体框之外还有一些关联机构，主要是指和 SaaS 产业链主体构成要素之间有相互联系的社会其他组织或商业机构，它们为改善既有的 SaaS 服务，优化产业链中主体构成，比如金融投资、行业协会、科研机构和政府部门等。在未来的发展中，这些相关机构与 SaaS 产业链的关系将更加密切，为 SaaS 服务的发展提供技术支持和政策引导。

目前，国内大部分 SaaS 企业还属于产品型 SaaS，如金蝶友商网、用友伟库、Xtool 等。表 5-1 列出了这些主体产品型 SaaS 服务提供商在产业链中的合作伙伴[96]。

表 5-1 产品型 SaaS 服务提供商在产业链中的合作伙伴

服务提供商	合作的软件开发商	硬件设施服务商	网络服务提供商
金蝶友商网	金蝶[1]	IBM 技术支持以及其他设备提供商	中国移动、互联网协会、中国电信
用友伟库	用友	IBM、联想	中国移动、联通等
Xtool. com[2]	沃力森	清华紫光	中国网通、电信、宽带新动力

注：1. 金蝶友商网是金蝶旗下的网站，其软件由金蝶提供。

2. Xtool. com 是由沃力森和沃力森德两家软件公司构成的。

5.3 SaaS 产业链协同的动因分析

产业链协同是产业链条上中各节点企业内部和节点企业之间相互配合、共同发展的重要模式[187]。产业链的协同可以集合产业链上各核心环节优势和专长，通过合作互补创造产业价值。不仅如此，产业链协同有助于各参与企业统一战略规划和技术创新，在共享产业链资源的同时，获得更大的竞争优势，为组建产业联盟体、促进产业发展奠定了产业链条各环节间的信任机制。

5.3.1 SaaS 产业链协同的内部动因

SaaS 产业链的发展与其他产业发展一样受到内部因素和外部因素的双重影响。外部市场环境瞬息万变、市场竞争激烈、政策环境不一;产业链内部成员的自身条件、成员种类和数量以及成员之间的关系也在动态地变化。促使这些改变的原因是多重的,其主要的原因包括三个方面:构造产业核心竞争力、创建竞争优势群和追求最大利润。

1.构造产业核心竞争力

在产业链上各节点企业根据企业自身的内部条件和特点,将精力与成本分布在某一特定领域的特点业务,形成企业自身的核心竞争力。要实现这种商业模式,就不得不考虑将企业的非核心业务通过外包的形式给其他企业。这种思路促使了产业链通过协同的方式将不同企业的核心业务进行合理配置和再分配,以使各节点企业获得更高的商业效益表现和新的竞争优势。

2.创建竞争优势群

竞争优势群的含义是由那些具有不同诱因、可持续性和作用空间的竞争优势所构成的持续演进的竞争优势系统[188]。这个群体的构成有随时间推移而不断变化的特点。目前,我国已建立了五大云计算发展试点城市,并出现了 SaaS 产业技术联盟和技术创新合作组织。这些联盟和组织为 SaaS 竞争优势群的创建营造了健康的产业前提条件和产业环境,为未来竞争优势群的创建和发展奠定了基础。

3.追求最大利润

产业链的思想更多的是将参与到产业运作过程中的各企业

作为一个整体看待,各元素之间通过良性竞争和协同合作,有效推进产业发展[189]。企业是以追求利润为目标的,同时企业者也都明白只有彼此间相互配合,建立一致的战略发展目标、共享资源,积极进行各项技术创新和研发,发挥产业整体效力,才能够切实地降低各自的成本及总成本,实现产业链的整体利润最大化,以此保证各企业自身的利润最大化。

5.3.2　SaaS 产业链协同的外部驱动力

相比国际 IT 发达国家,我国的高科技发展水平还处于中等水平,高新技术产业继续不断提高以促进国家经济的全面、迅速的发展,提升中国在高科技发展方面的国际地位。我国云计算和 SaaS 服务产业只有及时和准确地把握国内外政治和经济形势,才能做到与国际接轨、与时俱进地灵活适应信息迅速变化、全球化不断加剧的全球经济环境。

1.适应国际经济环境

面对信息的迅速变化和全球经济一体化的发展,社会的发展以及产业的发展都日趋国际化,SaaS 产业链的发展也是如此。SaaS 产业链的协同发展受外部经济环境,尤其是国际经济环境和国外产业发展的影响较明显。通过学习国际上 SaaS 产业发展迅速和成熟的国家的现有经验,将有效提升我国 SaaS 产业整体国际化水平,有利于 SaaS 厂商们尽快融入全球产业发展的环境。SaaS 产业参与企业在专注培养自身的核心竞争能力的同时,促使产业发展的扁平化发展。

2.国内政策环境

国家发改委和工信部在 2010 年 10 月联合下发了《关于做好云计算服务创新发展试点示范工作的通知》,首次在政策方面扶植云计算产业的发展,在北京、上海、杭州、无锡和深圳五个城市建立试点城市。《通知》中提出当前首要的工作就是推动国内信息服务骨干企业积极探索 SaaS 等云计算服务模式,针对政府、大中小企业和个人等不同的用户类型和需求提供云服务[190]。

3. 满足用户需求

面对用户对服务要求的不断增强和对服务质量的严格要求,凸显了用户追求优质服务的愿望。用户希望以尽可能短的时间获取低价格、高质量的产品和服务享受。要满足用户如此高标准的现实需求,需要产业链中各提供商加强合作,为实现这一目标共同制定发展规划和服务标准。SaaS 产业的广泛应用范围为产业发展蕴藏了强大的市场潜力,这要求 SaaS 产业链各企业在面对市场变化和用户需求具备敏感、快速的响应能力,通过协同运作实现产业链的有效协作和整合。

5.4　SaaS 产业链协同模型

产业中各参与者要根据产业成员、环境条件和策略集的变化找寻产业发展的新的均衡点,如果仍然按照以往的策略进行博弈很可能会导致协同失败[191]。在 SaaS 产业链中,硬件设施提供商、独立软件提供商、SaaS 软件服务提供商、网络服务提供商等参与者角色为最终组织用户带来了不同的价值。他们各自持有不同的利益出发点,不可能在自发的模式下形成产业协同效应。因此,如何使价值取向不同的参与者进行有效的配合,实现产业发展的系统效应最大化,是 SaaS 产业发展中的重要问题。

5.4.1　协同模型构建

假设 A 代表 SaaS 产业链中的参与者 A,B 代表 SaaS 产业链中的参与者 B,二者在产业链条上属于有直接价值、物质、信息交流的相邻成员,其活动水平分别用 x 和 y 来表示。两个参与者是相互补充的,所以两者之间存在协同效应。

为了更形象地说明产业链中参与者之间的博弈关系,这里以"SaaS软件服务提供商"和"网络服务提供商"之间的系统关系为例,假设"网络服务提供商"为参与者 A,"SaaS软件服务提供商"是参与者 B。例如,网络运营商高质量的网络服务功能直接影响SaaS服务供应商提供的在线服务的服务质量和用户对该SaaS服务提供商的形象认定。为了配合SaaS服务商在有充足带宽资源的前提下,为用户提供流畅、可靠的服务,两者之间需要一定的商业活动配合,从而增加SaaS软件服务提供商的效用。双方的效应函数可以表示为

$$U = A(x), \quad V = B(y) + S(x,y) \tag{5-1}$$

其中,$A(x)$ 是网络服务提供商的效用函数。$B(y)$ 是不考虑产业协同时SaaS软件服务提供商的效用函数,$S(x,y)$ 是网络服务提供商给SaaS软件服务提供商带来的协同效应函数,可以看出协同效应函数与网络服务提供商和SaaS软件服务提供商的活动水平都相关[192]。假设 $A(x)$ 和 $B(y)$ 是单峰的,$S(x,0) = S(0,y) = 0$,这表明协同效应是由网络服务提供商和SaaS软件服务提供商共同作用下产生的,只有网络服务提供商或者SaaS软件服务提供商单独行动时,协同效应无法产生;$S_x(x,y) > 0$,$S_{xx}(x,y) < 0$,$S_y(x,y) > 0$,$S_{yy}(x,y) < 0$,即 x 或 y 确定时,$S(x,y)$ 都是单峰的。式(5-1)描述的博弈过程中,因为网络服务提供商的效用由 x 决定,所以其最优策略的选择就是选择使 $A(x)$ 最大的 x,网络服务提供商有占优策略。因为SaaS软件服务提供商由 x 和 y 共同决定,其最优策略是选择对 x 的最佳反应,得出产业协同博弈的纳什均衡 (x^N, y^N) 为

$$A_x(x^N) = 0, B_y(y^N) + S(x^N, y^N) = 0 \tag{5-2}$$

也就是说,当网络服务提供商与SaaS软件服务提供商在没有任何沟通的情况下各自行动,这时的纳什均衡虽然可自我实施,但不一定达到最优帕累托。对于网络服务提供商来说,效用最大化由

一阶条件(式 5-3)决定;对于 SaaS 服务提供商的任意活动水平 y，x^E 使网络服务提供商对 SaaS 软件服务提供商的效应最大化。

$$\forall\, y\; S_y(x^E, y) = 0 \qquad (5\text{-}3)$$

如果用货币来衡量协同的效应，那么 SaaS 软件服务提供商可以向网络服务提供商支付一定的费用，以期望达到式 5-3 的活动水平。

5.4.2 对称信息下的协同模型

在 SaaS 业务市场中，SaaS 软件服务提供商占据绝对的主导地位，网络服务提供商依附于 SaaS 软件服务提供商而存在，所以，SaaS 软件服务提供商可以通过给予网络服务提供商一定的转移支付来得到比纳什均衡更有效率的结果。本研究选取网络服务提供商和 SaaS 软件服务提供商之间的谈判过程构建一个扩展型博弈模型。按照合同谈判的一般规则，将分三个步骤描述博弈的过程。第一步，SaaS 软件服务提供商拟定一份与网络服务提供商合作事项的合同。在合同内容中，SaaS 软件服务提供商要求网络服务提供商的活动水平等级在达到 X 及以上水平时，将会向网络服务提供商转移支付相应的费用 Z。第二步，网络服务提供商根据自身的业务情况和市场条件决定是否接受该合同要求。如果合同未达成，假定网络服务提供商的实际服务活动水平在 x 水平层级。第三步，SaaS 软件服务提供商根据网络服务提供商在第二步凸显处的活动水平 x，相应地调整自身的活动水平 y，以期望实现效用最大化。在合作谈判的博弈过程中，采取逆向归纳法对子博弈完美纳什均衡进行推导。

即先由第三步倒推。SaaS 软件服务提供商在确认网络服务提供商在第二步骤时拟定的活动水平 X 后，无论最终 SaaS 软件服务提供商与网络服务提供商签订合同与否，网络服务提供商的最佳活动反应为

$$y = y(x) = \arg\max_{y}\big[B(y) + S(x, y)\big] \qquad (5\text{-}4)$$

第二步,网络服务提供商在衡量 SaaS 软件服务提供商提出的合同要求之后,决策是否接受运营商提出的合同要求(X,Z)。如果为了得到支付,选择接受合同,网络服务提供商就应按照 SaaS 软件服务提供商的要求将活动水平维持在 X。如果选择不接受合同,网络服务提供商可以自由决定其活动水平 x^N。由此得出,网络服务提供商的反应函数表示为

$$x = x(X,Z) = X,如果 A(x^N) \leqslant A(X) + Z \qquad (5\text{-}5)$$

$$x = x(X,Z) = x^N,如果 A(x^N) > A(X) + Z \qquad (5\text{-}6)$$

第一步,SaaS 软件服务提供商对合同的内容占有主动性。对 SaaS 软件服务提供商来说,向网络服务提供商提供的转移支付 Z 只需小于或等于 $A(x^N) - A(X)$ 就足够了。假设网络服务提供商拒绝了 SaaS 软件服务提供商提出的合同条件,SaaS 软件服务提供商的效用函数为

$$V = V^N = S(x^N, y^N) + B(y^N) \qquad (5\text{-}7)$$

如果网络服务提供商接受了 SaaS 软件服务提供商提出的合同条件,SaaS 软件服务提供商的效用函数将变为

$$V = S(x^N, y^N) + B(y^N) - Z \qquad (5\text{-}8)$$

可以看出,为网络服务提供商产生最高效用的合同应满足

$$X = x^E, Z = A(x^N) - A(x^E) \qquad (5\text{-}9)$$

鉴于 (x^N, y^N) 缺乏效率,可行的子博弈完美均衡下的合同条件应参照式(5-9)。网络服务提供商接受此条件将对产业协同高效运作产生正面推进作用。

5.4.3　不对称信息下的协同模型

SaaS 产业取得成功的一个重要元素在于整个产业节点各企业之间协作的能力水平。当前 SaaS 市场还处于发展的初期,产业链中需要领导者协调整个链条的各项活动与资源分配。参与者之间不同的利益取向,反映在各参与者对于 SaaS 产业环境的看法。SaaS 服务提供商对推广 SaaS 服务的态度非常的积极,而

网络服务提供商在面对 SaaS 这类新兴的软件服务类型是否经得住市场的考验,是否能在商业云作用实现稳定盈利,持有保留的态度。因此,网络服务提供商在网络资源配置时,迟迟未将 SaaS 服务所需网络资源作为优先提供的网络服务质量保障。同时,由于网络服务提供商占据着稳定客户群体和网络资源的优势,其自身也有竞争为产业链主导者的可能,因此在与 SaaS 软件服务提供商合作时,会出现或多或少的信息保留或者隐藏其活动的真实想法的行为。

在 SaaS 市场中,活动水平 x 和 y 和产业市场环境决定了网络服务提供商和 SaaS 软件服务提供商的效用水平。网络服务提供商和 SaaS 软件服务提供商根据对市场环境的观察结果来计划其效用最大化的活动水平。产业市场环境由 E_s,E_A 和 E_B 组成。E_s 代表对协同效应产生影响的产业环境代表的参数;E_A 表示与网络服务提供商相关但对产业协同没有影响的产业环境的参数;E_B 表示与 SaaS 服务运营商相关但对产业协同没有影响的产业环境的参数。E_s 是系统性参数,E_A 和 E_B 为特指性参数[193]。参数满足的前提条件为

$$E_i I E_j = \phi, i,j \in (A,B), i \neq j, E_s I E_t = \phi, i,j \in (A,B)$$

$$(5-10)$$

网络服务提供商通过对 E_s 的观察得出了 ES_A,同理 SaaS 服务运营商通过对 E_s 的观察得出 ES_B。ES_A 和 ES_B 是网络服务提供商和 SaaS 服务运营商的私有观察信息,因此只需就 ES_A 和 ES_B 在信息不对称的情况下对产业协同效率产生的影响进行讨论,等同于在信息对称的条件下多出对 ES_A 和 ES_B 的观察的步骤。

在观察步骤中,SaaS 软件服务提供商和网络服务提供商的效用函数为

$$U = A(x, ES_A), V = B(y, ES_B) + S(x, y, ES_B) \quad (5-11)$$

第一步,SaaS 服务提供商对 ES_A 不了解的情况下提出合同。假定 SaaS 服务提供商拟定的合同为统一的模板内容,如果有个

别网络服务提供商拒绝合同,那么就很难实现产业协同。如果产业链中所有的网络服务提供商都接受这一模板性合同内容,那么该合同肯定是低效率的。根据 Myerson-Satterthwaite 无效率定理[194],在买卖双方关于对方的信息不完全且无效交易的概率非零的情况下,双方是不可能实现交易获利的。因此 ES_A 和 ES_B 在信息不对称的情况下必定会导致产业协同的失败。

假定无效率定理的条件能够适当放宽,仅假定不公开 ES_B 的信息,那么该产业协同是有可能实现的。ES_B 信息的不公开意味着 SaaS 服务提供商对协同效应的具体情况是知晓的。SaaS 服务提供商提出合同的过程可以看作委托人(SaaS 服务提供商)交予代理人(网络服务提供商)的过程[195]。代理人只有在委托人对其实施机制中的行为产生影响时,才会关心委托人的类型[196]。协同博弈模型如下:

观察步骤,自然选择 ES_B,SaaS 服务提供商在掌握 ES_B 的情况下向网络服务提供商提出合同。网络服务提供商并不掌握 ES_B 的信息。

第一步,SaaS 服务提供商向网络服务提供商提出合同 $[X(ES_B), Z(ES_B)]$。

第二步,网络服务提供商 SaaS 服务提供商提出的合同,却不知道 ES_B 的值。因为 ES_B 对网络服务提供商来说并不属于关键性信息,因此网络服务提供商在决策均衡策略时参考式(5-5)和式(5-6)。

第三步,SaaS 服务提供商根据

$$y = y(x, ES_B) = \arg\max_y [B(y) + S(x, y, ES_B)] \quad (5\text{-}12)$$

决定活动水平。SaaS 服务提供商要求网络服务提供商的活动水平满足

$$X(t) = x^E(ES_B) \quad (5\text{-}13)$$

时,才向网络服务提供商转移支付

$$Z(t) = A(x^N) - A[X^E(ES_B)] \quad (5\text{-}14)$$

其中,$X^E(ES_B)$ 和 $Y^E(ES_B)$ 是 SaaS 服务提供商在观察值为

ES_B 条件下的决策的活动水平。

式(5-5)和式(5-6)决定网络服务提供商的行为,因此,SaaS 服务提供商提供的支付必须满足网络服务提供商接受合同的效用等于网络服务提供商拒绝合同采用占优策略 x^N 时的效用。因为网络服务提供商有占优策略,网络服务提供商的保留效用 x^N 受 ES_A 影响,所以其行为并不受 ES_B 的影响,产业协同的效率都不受 ES_B 信息不对称的影响。但对于 SaaS 服务提供商而言,是否掌握 ES_A 信息则对他是否能提出有效率的合同起着至关重要的作用。因此,ES_A 信息的不对称现象是造成产业协同效率低下的根本原因。

5.4.4 协同模型的结论分析

事实上,在任何产业发展中,信息不对称是普遍存在的客观现象[197]。由前文对 SaaS 产业中参与者之间信息对称与信息不对称条件下对产业协同博弈均衡产生的影响的分析可以看出,信息不对称现象的加剧严重阻碍了 SaaS 产业协同效应的发挥。分析指出,在一方信息不完全的情境下,如果掌握信息相对较少的一方存在外部机会,不论该信息真实度如何,都能保证一定程度的效用水平,那么即使出现信息不对称的情况,也未必会对效用水平产生不良影响。为了提高交易活力的水平,可以考虑利用激励成本,为信息支付一定的金额,以期望达到信息的对称水平。

Myerson-Satterthwaite 的无效率定理可以解释信息不对称对产业协同博弈的影响[198]。该定理指出,如果买卖双方都认为其交易是无效率的,则该交易结果就不可能同时满足参与约束、激励相容和预算平衡约束。在买卖双方关于对方的信息不完全且无效交易的概率非零的情况下,双方是不可能实现交易获利的。

面对信息不对称造成的产业协同效率低下的现象,如何找出切实可行的办法来缓解和解决是目前产业发展面临的关键问题。

产业中即使存在信息不对称的现象,但是如果交易方的数量足够多,则任何一个交易方都很难以隐藏真实信息的行为来影响交易的条件。在此类情况下,是可以自然实施瓦尔拉斯均衡或帕累托最优的配置的[199,200]。一般情况下,如果一种机制要求买卖双方如实汇报其各自的偏好,且该偏好有效并满足理性约束,则该机制必然在激励相容约束条件中显示出其缺陷性[201]。Roberts 和 Posflewaite 证明了买卖双方在某些限制条件下,通过隐藏自己的偏好信息获得的效用附加值一定存在上限范围。尤其是在交易方的数量趋向于无穷大的时候,效用附加值则无限接近于零[202]。以 SaaS 服务提供商与网络服务提供商的协同为例,在 SaaS 产业的实际运行过程中,由于网络服务提供商的数量有限,很难应用这个结论。但是如果以 SaaS 服务提供商与独立软件供应商的协同为例,因为市场中存在大量的独立软件供应商,则该结论就能得到很好的验证。

在传统的软件市场中,软件提供商属于卖方市场,产业中的参与者价值获取和交易得利的观念是在信息对称的情境下产生,因此保持了相对一致性,正面促进了产业协同的效率的提升。然而 SaaS 服务产业正在经历由生产导向向需求导向发展的过程。虽然产业链的参与者对产业发展的总体方向持有较为统一的理解和观念,但参与者在处理具体的业务和参与技术合作时,其观点却存在较大的差别。SaaS 服务提供商及其他各产业链参与者只有通过协同合作并展开积极交流,才有可能在频繁的沟通合作中共同摸索出保持产业高效协同的实践方法。

5.5　本章小结

本章的研究目标是系统地说明 SaaS 产业链协同是如何调动整个产业的发展实现产业繁荣发展的。这一章首先对 SaaS 产业链的形成和关键技术的产生做了系统的梳理和分析,而后构建出

SaaS 产业的一般产业链结构,并对产业链中的各个组成因素进行了分工定义,同时还对 SaaS 产业的环境进行了层级的划分。在理清目前产业链的结构和环境因素以后,文章构建了 SaaS 产业链成员之间协同模型,对这种竞合关系做了详细的分析,并指出了产业链中目前存在的协同失调凸显的一些问题。在分析了促使产业链协同的内因和外因以后,构建了 SaaS 产业链协同模型,分析了 SaaS 产业链成员之间在信息对称与信息不对称情况下的协同博弈行为。本章的分析结果为第六章构建 Saas 产业协同网络模型打下了坚实的理论基础。

第6章 基于价值网的 SaaS 产业协同投入模型

产业链中各成员之间的协同关系是错综复杂的,如果还继续停留在链条式结构视角下去分析产业链和其中各成员的分工合作模式,就显得捉襟见肘了。因此,本章将试图以价值网的理论为基石,利用博弈分析方法,来讨论 SaaS 产业链协同投入问题,通过构建基于价值网理论的 SaaS 产业链协同投入博弈模型,进一步补充理解 SaaS 产业链协同问题。

6.1 基于价值网的 SaaS 产业链的价值分析

6.1.1 价值网的结构模型和特征

面对顾客需求的不断提升、信息网络技术的飞速发展以及市场的激烈竞争,越来越多的企业在从传统的供应链向价值网转移[203]。价值网是一种采用数字化供应链概念的新的业务模式,其核心目标是为了达到高水平的顾客满意度的同时提升公司的所得利润。价值网是由产业链发展而来,以客户为核心的价值创造体系。在价值网中,客户与供应商之间存在着共存、交互作用的增值关系[204]。图 6-1 显示了这种网络关系[205]。

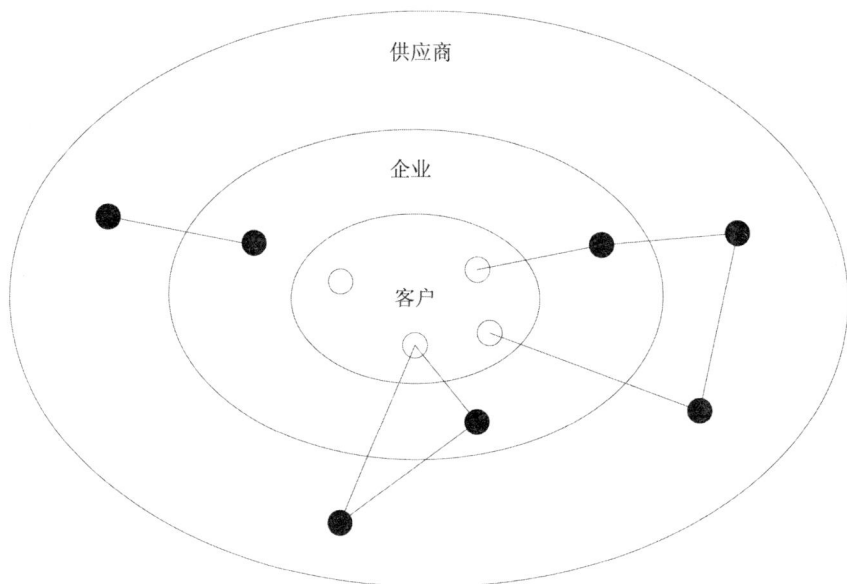

图 6-1　价值网结构图

客户占据了价值网核心的位置,代表着价值的源头。客户对最有价值的产品和服务进行选择和组合。网络的中间层是由那些为客户提供产品和服务的核心企业及其合作伙伴组成的,他们搭建了客户和供应商之间沟通的桥梁。网络的最外层是供应商,他们负责执行研发、采购、装配或交运的功能,与中间层核心企业协同运作。价值网中的"客户"的概念既可以是个体的消费者,也可以是消费群体,还可以是企业。

价值网含义中包含五大主要因素:组织者、参与者、制度、策略和效用,这五个因素诠释着网络中的所有活动,决定了价值网的结构组成[206]。传统的价值网包括客户、其他节点的企业成员、参与者、客户、信息平台、稳定的联系与合约,如图 6-2 所示[207]。

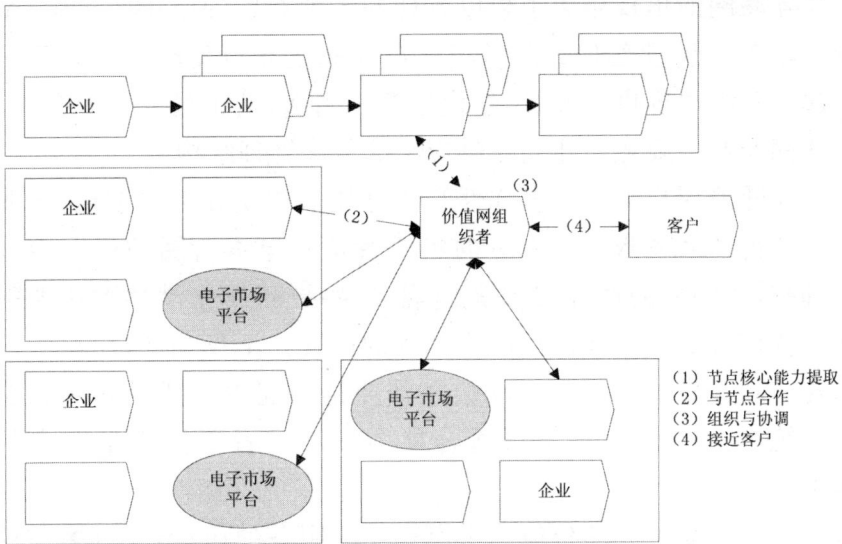

图 6-2　价值网的结构模型

图 6-2 只是提供了一个一般性的价值网结构模型的概念。在不同产业和商业运营中,价值网络将随着网络的目的、资源和能力而变化[208]。价值网是一种交互式的网络组织,它不但具有网络组织的普遍优势,例如,柔性、创新性、对威胁和机会的快速反应能力以及降低成本和风险等,还具有其独特的特点,例如,与客户保持一致;协同性与系统化;敏捷性与可伸缩性;快速反应;数字化和网络化[209]。

6.1.2　SaaS 产业链中的价值形成

软件产业的发展已经在几十年的演变过程中形成了一个相对整合的产业价值链。目前全球软件产业的快速发展,形成了以软件供应商、应用软件开发商和终端用户群组成的价值链。软件供应商是产业发展所需核心技术的拥有者,他们负责提供运营系统、数据库、底层开发模式和设备仪器。应用软件开发商通过应用软件提供给用户底层技术,以满足不同用户群体的需求。总体来说,在软件产业的价值链条中,软件本身承担了产业中技术提升和产品提升的角色。

互联网的出现滋生了数以万计的各种类别的应用的产生,企业伴随着互联网产业的发展将其自身的业务与互联网联系到了一起,例如,内容供应商、广告代理等。当然,从市场成分上分析,互联网产业主要还是建立在供应链的传统管理结构上。

伴随着用户需求的多样性和信息技术产业分工的细化,产业竞争变得越来越激烈。大量的组织者从它原本所属的产业中分离,同时一些新的产业参与者出现,这些更新变化潜移默化地引起了传统价值功能和信息产业结构的改变。不仅如此,用户角色的转变和其需求的提升也在信息产业链中起着主要的作用。这时传统产业结构逐渐不再适合社会发展或者不能满足客户的需求。

以客户为中心的价值网络模式关注服务的质量,通过多条价值链保持与客户的沟通联系,关注客户的真实需求。通过与供应商之间的协调合作,客户与参与企业共同为创造价值增值而付出努力,达到双赢的目的。通过协调产业链中的各利益相关方,这样的服务模式为 SaaS 服务供应商提供了既满足客户需求,又实现价值增值的崭新方式。

6.1.3　基于价值网的 SaaS 产业结构模型

根据本书前文的分析,SaaS 服务供应商应当是 SaaS 产业价值网中的组织者,它占据着价值网中的核心位置,负责协调价值创造的各项活动。价值网中的众多参与者不仅服务于 SaaS 服务供应商,还同时服务于客户。他们通过整合其内部和外部的资源,与其他的参与者建立商业合作模式,在目标市场中寻求准确的价值定位,如图 6-3 所示。

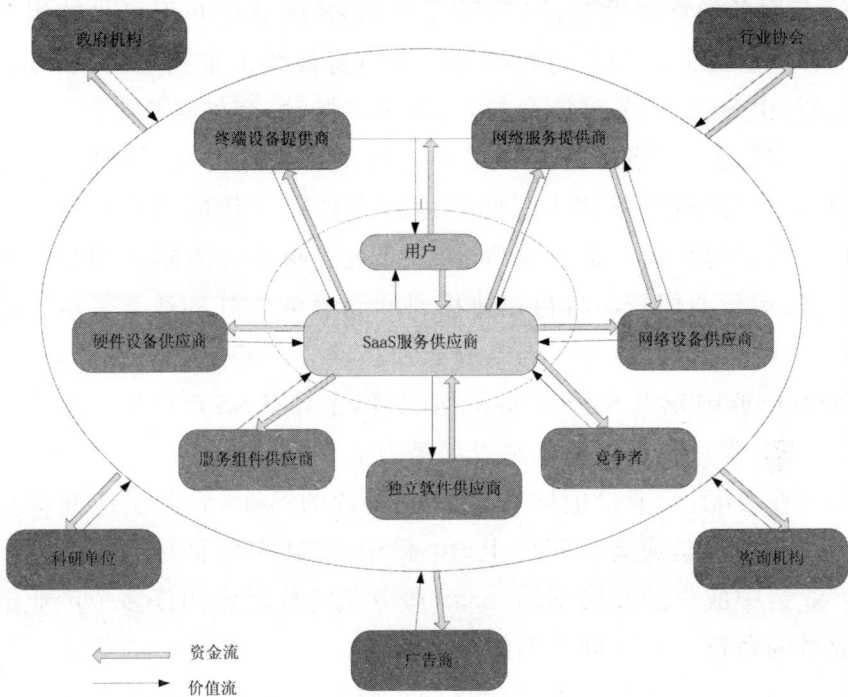

图 6-3　基于价值网的 SaaS 产业结构模型

从图上可以看出,客户占据着 SaaS 产业价值网的核心位置,这正是客户为中心的思想的体现。SaaS 服务的用户群体不仅包含那些以满足个体需求为主的个人用户,更多的是那些为了提升信息化水平和生产效益的组织用户。围绕在周围的是 SaaS 服务提供商,它负责寻找和分析目标客户群,识别客户需求,协调各参与方(独立软件开发商、硬件设备供应商、网络运营商、终端设备提供商、广告商等)的资源和能力,打造综合服务平台。所有的参与者,根据客户的需求,通过这个整合的平台,准确定位自身在价值网中的位置,为客户提供达到其满意的服务。价值就是在这样一种方式下产生,并达到了双赢的效果。

在组织者的核心圈层外是一些在价值链中起着关键作用的参与者。这些参与者同样也充当着价值网中的主体成分,推动着价值网的发展。在 SaaS 价值网中,硬件提供商和软件提供商为 SaaS 服务供应商提供运营服务所需要的硬件和软件。网络运营商和终端供应商提供基础的网络支持和具备接入云环境和支持

SaaS 服务的终端设备,这二者也是 SaaS 服务中必不可少的组成部分。所有的这些参与者产生的价值将最终汇集到 SaaS 服务供应商,由 SaaS 服务供应商与 SaaS 用户接触,交付服务内容。

实际上,网络运营商和用户之间也有直接的联系,网络运营商向用户提供网络接入。网络运营商拥有大量的用户资源。伴随着固定网络运营商和移动运营商网络业务的战略转型和业务扩张,运营商们开始将目光转移到网络服务之外的业务领域。网络运营商凭借其庞大的网络资源和已建立的稳定客户资源,要在 SaaS 产业中充当 SaaS 产业的组织者,主导 SaaS 产业价值网的构架,是非常具有资源基础和发展潜力的。

在 SaaS 产业价值网中充当组织者的 SaaS 服务供应商就如同一个资源集成者。实际上,由于 SaaS 服务产业的不成熟以及产业链中成员的发展不均,SaaS 服务供应商经常担任多个产业链成员的角色。对不同类型的业务来说,找到一个统一的方法是很困难的。企业需要在不断变化的市场环境中及时调整自己的业务模式和服务范围,来顺应产业的发展。

现在 SaaS 产业链刚形成,还属于产业发展的初级阶段,多数的企业还未在产业链中找准自己的位置。一些企业在分析了自身资源和能力之后,试图将自己的位置定位在涵盖产业链整个链条的角色上。上述的价值网框架结构只是一个非常常规的框架。SaaS 服务供应商可以根据自身的优势和劣势选择或重新定义自己在产业链中的位置,以保持自身在市场竞争中的优势地位。

根据对价值网的系统分析,实现价值增值是价值网中各节点企业共同面临的问题。从价值网和客户的双重获益角度看,这种网络结构更易于建立各节点企业之间的连接,有效创造价值。产业的网络结构的灵活能动性更有益于各企业对市场环境发挥其主观能动性。产业链中的组织者以双赢为目标,通过对产业链上各节点企业的资源和能力进行整合,最大限度地满足个人对 SaaS 服务的需求,为用户提供最大价值。因此,设定这个基于价值网的 SaaS 服务产业结构模型是分析 SaaS 产业发展的基础。

6.2　基于价值网的 SaaS 产业链协同效应分析

6.2.1　SaaS 产业链关键环节分析

　　SaaS 产业链中各环节之间的关系是多层次并不断动态变化的,但这其间的复杂关系中存在一致性,那就是实现各节点成员价值最大化、实现产业链价值网利益平衡稳定的发展。价值网中不同位置的节点成员的角色代表着其承担价值网中与不同节点间的关系。在 SaaS 产业链中,不是任意两个节点成员之间都存在直接的价值联系,但是所有的节点成员都与价值网的组织者之间存在直接和间接的价值关系[204,210]。目前的 SaaS 产业链的各节点成员还存在职责不明、网络角色定位不清、接口不统一、相互配合不协调等问题,使得 SaaS 服务提供商在建立服务平台时困难重重,具体情况如表 6-1 所示。

表 6-1　SaaS 产业链中各环节存在的障碍及努力方向

环节	主要成员	所处位置	现有障碍	努力方向
终端	终端设备提供商 硬件设备提供商	基础层上游	通用性差,成本高,供应商少	统一接口协议 提高终端普适性
网络	网络设备提供商 网络运营商	服务层中游	宽带资源不足,云计算技术能力低	扶持宽带发展降低资费
SaaS 服务	服务提供商 软件开发开发商 服务组件开发商		标准不一,成本高,难以多样化需求,缺乏支撑平台	统一产业技术标准
用户	用户	应用层下游	初期投资大 供应商的可选择性低	提高资源利用率以降低投资成本 丰富供应商

　　SaaS 服务提供商通过和产业链中其他环节成员合作建立战略联盟体是增强各企业获得 SaaS 价值网络竞争优势的有力途径[211]。通过建立战略联盟体系,不但可以促使企业之间资源共享,获取规模经济,还可以有效控制与产业链上下游企业间的合作关系,掌握竞争主动权。不仅如此,这种合作模式还能使参与联盟的各企业从某种程度上成本共担,减轻企业成本,为新业务扩张保存实力。参与战略联盟的成员通过达成一致的利益契约,创造出比自身单独参与竞争更大的价值。正是联盟所能产生的这一优势特点,为 SaaS 价值网络企业间的战略联盟的建立增添了动力。从 SaaS 服务提供商的视角来观察,SaaS 战略联盟有以下几种可能。

　　(1)SaaS 服务提供商与独立软件供应商之间的联盟。典型实例是阿里软件与大型 IT 企业之间的联盟合作,例如,微软、思科、IBM、华为、联通等公司,将在线软件服务与电子商务相结合,充分利用网络、通信和软件各方面的资源,进行优势整合。阿里软件凭借其丰富的客户资源和稳定的业务水平,在其现有的业务之上,开发了与客户业务相关的在线软件管理业务,取得了淘宝网网商和合作企业会员的认可,取得了商业上的成功。

　　(2)SaaS 服务提供商与同行竞争者的联盟。2009 年,国内提供客户关系管理在线软件的第一大公司 XTools 宣布和最大的在线客户服务与服务提供商乐语公司之间建立合作联盟。这一联盟体的产生将促使合作双方各自利用其产品的优势和客户群,在技术创新、销售渠道和客户资源等方面多方位地展开深度合作,共同为客户提供企业营销工具,满足用户的信息化需求,推进业务发展。

　　(3)SaaS 服务提供商与其他行业组织间联盟。"中小企业全程电子商务联盟"是金蝶与中国中小企业协会、工商银行、IBM、通联支付、360 安全卫士、图吧网络地图、AMT 咨询集团等企业共同组建成立的跨行业的 SaaS 服务联盟。该联盟涉及的行业范围广泛,合作单位几乎涵盖了电子商务活动的各大企业机构,如金融机构、硬件供应商、网络服务提供商、会计事务所、系统集成商等。联盟体的形成为用户实现全程电子商务提供了有力的在线业务支持。

（4）SaaS 服务提供商与其他社会组织的联盟。SaaS 运营商通过和区域政府和其他行业协会合作可以集聚更广泛的外部资源和资金实力，更大程度地覆盖市场规模范围，吸引更多的客户对 SaaS 服务的关注和应用。例如，北京的软件行业协会与用友集团成立信息化联盟推广 SaaS 服务，通过培训和信息化咨询业务推动 SaaS 产业的发展。

从以上几种市场上已存在的联盟方式来看，SaaS 服务提供商已经开始与软件提供商、同行竞争者以及其他行业和社会组织之间形成了联盟关系，但是与国际上来自发达国家的大型专业软件提供商的合作还不足。不仅如此，SaaS 服务提供商与设备供应商，尤其是与硬件设备提供商和终端设备提供商之间的协调配合的程度还不足。SaaS 服务提供商在产业链中的主导作用还未得到充分的发挥。对于软件提供商，SaaS 运营商应该加强对软件提供商的引导，有意建立与其相关的联盟合作方的合作方式。通过长期合作与短期合作并用的模式，对相关联盟方产生激励效应、鼓励关联方之间的协同合作；与此同时，还应加强与硬件设备提供商以及终端提供商之间整合的程度，结合内部资源和市场定位，树立以用户为中心协同发展的理念。

6.2.2 价值链与产业链的协同

产业链关注产业内各参与企业之间的相互关系，通过对企业内部和企业之间生产活动的观察，描述了链条产品及服务交易和价值增值的全过程。产业链中存在的任何一个企业的价值创造能力不仅与企业内部条件有关，还和产业链与其有关联关系的其他企业成员有关。面对现代市场的激烈竞争和日益增长的用户需求，企业之间的竞争已经转化为产业链和价值链的竞争。因此,为增强企业的核心竞争力的同时提升产业竞争力,就必须对产业链和价值链中的各环节实施有效的管理。[212]。

产业链和价值链的共同点在于二者都是实现价值增值的过程。价值链有多种表现形式,产业链、供应链都只是其中的一种[213]。产业链和价值链在产业价值系统中扮演着不同的角色,但都承担着协调产业系统各参与方实现价值增值活动的内部和外部关联的任务。一个完整的价值链系统需要产业链和价值链有效的协同和整合。价值链系统是由产业链中的各成员构成的,各成员的价值链和产业链经过联盟形成利益共同体,在复杂关系的协调与互动下形成了纵横交错的价值网。任何一个企业在面对外部环境的复杂性时,单凭借自身能力是很难实现核心能力发展的。企业越来越清楚地意识到产业链成员间需要有序竞争、相互配合,维持企业间竞合关系的良性循环,才能实现企业核心能力的有效发挥,为产业链和价值链的管理提升奠定基础。

6.2.3　SaaS 产业链的协同效益

SaaS 产业链的价值网的实质是一个开放的互联网络软件应用平台的整合。根据 SaaS 商业模式和其用户规模巨大的特点,在产生协同效益时将会凸显出三大特点:一是规模效益。中企开源自 2005 年成立以来,作为国内专业 SaaS 服务提供商,现在的市场规模超过 3.5 亿元,用户群数超过 120 万[97];二是学习效益。随着 SaaS 市场规模的扩大,用户群的膨胀,SaaS 服务提供商在为用户提供软件服务的同时,还要提供一系列的配套服务,例如,系统配置、人员培训和外部资源配置等,这些附加服务的增加从一定程度上降低了服务的总成本;三是用户服务转换效益。用户在使用某类 SaaS 服务之后,如果有更换服务类型的打算,就需要接受技术技能培训、硬件调试以及承受用户忠诚度降低这一系列的成本效益。SaaS 服务提供商与价值网中参与方之间的协作关系如表 6-2 所示。

表 6-2　SaaS 价值网络主要伙伴合作关系

合作伙伴	合作目的	合作内容
独立软件开发商	向 SaaS 的软件服务目标市场商的企业用户提供各类软件	开发符合 IP 标准的应用软件
服务组件提供商	获取开发更多 SaaS 服务的组件资源	
硬件设备提供商	获取 SaaS 所需的软硬件资源	提供硬件设备及相关支持和咨询
网络设备提供商	获取 SaaS 所需的网络硬件资源	提供网络设备及相关支持和咨询
终端设备提供商	获取终端支持	提供网络设备
网络服务提供商	完善的网络及存储服务	提供足够的网络带宽、数据存储及管理
咨询服务提供商	业务的信息咨询	对软件服务进行售前的咨询与解决方案设计，对软件进行集成、配置、实施和培训服务
系统集成商	业务的实施和维护	提供应用软件的集成和培训服务
广告商	更低廉的价格向用户提供 SaaS 应用服务	通过向广告商收取广告费补贴企业使用 SaaS 业务的费用
政府机构	获得政策支持，服务提供	为政府用户提供政务所需 SaaS 应用服务
行业协会	与行业内企业技术合作、产品研发、扩大市场影响	建立合作框架协议，通过技术共享和业务合作，共享信息资源和客户资源
科研单位	合作研发新产品，把握科研前端发展方向	利用科研单位的技术研发优势弥补高新技术开发的质量和速度

6.3 基于价值网的 SaaS 产业链协同网络模型

6.3.1 产业链协同网络模型的构建基础

构建 SaaS 产业链协同网络模型的前提条件首先是要明确该网络模型所具备的一些基础条件,这些基础条件来源于 SaaS 产业自身的特点和产业链当前发展的现实情况。经过前文对 SaaS 产业结构的分析和价值形成的过程,本研究将 SaaS 产业链协同网络模型构建的基础条件分为三个方面。

1. 规范的商业行为

网络系统的协同发展离不开网络中的各节点企业共同遵守一定的行业约定,在一定范围内按照某种约定的行为准则开展业务和技术合作。这种规范的商业行为不仅要依照行业中限定服务质量的相关法规和规定,更多的是依靠各企业自身良好的企业文化来督促适当的商业行为。SaaS 行业目前急待出台约束服务范围、评价其服务质量等的行业标准,同时还需要更多具有高素质的技术人员、具有远见卓识的领导层和创业团队来提高企业内部的商业行为规范意识。

2. 全面的网络支持

协同网络的基础离不开 SaaS 产业链中各节点成员之间密切及时的联系。借助 SaaS 服务中的网络资源,成员间可以实时了解其他各节点成员的工作进度和时间安排,这不仅增强了信息互通性,稳固了成员之间相互的信任感,还有利于成员之间更广范围地进行技术资源的互通互换,促进技术进步,更好地满足客户多样化的需求。

3.健康的市场环境

任何一个市场中都存在市场主体和客体。基于价值网的 SaaS 产业结构中的硬件设施提供商、独立软件开发商、系统集成商、SaaS 服务提供商、网络服务提供商、服务组件提供商、咨询服务提供商、用户构成了市场主体。经济环境、融资渠道、资本市场、行业竞争等构成了市场的客体。SaaS 产业中的主体和客体共同发挥协同效应，在遵守行业交易规则的条件下，最大限度地满足用户的需求，以此确保产业内价值产生的有序进行，促进价值网健康发展。

6.3.2　产业链协同网络模型的构成要素分析

基于前述章节的分析，本研究中所指的 SaaS 产业链协同的构成要素包括用户、SaaS 运营商和产业链其他相关成员(独立软件开发商、硬件供应商、网络设备提供商、网络运营商、终端提供商)。

(1)用户。用户占据着协同网络中最核心的位置，是 SaaS 产业链协同的最大受益者，也是价值创造活动的原动力。用户的需求为 SaaS 应用的发展指明了方向，SaaS 服务提供商提供的服务的价值最终是在用户的采纳和认可的基础上，交付相应费用之后实现的。

(2)SaaS 运营商。SaaS 运营商处于协同网络中核心领导的位置，这一位置由谁来担任取决于这一角色是否可以为产业链提供可靠的信息管理和存储以及建立服务平台服务，换言之，SaaS 服务提供商、网络运营商或者产业中其他成员都有可能成为 SaaS 运营商。SaaS 运营商充当着整个产业中的领军性角色，通过制定产业链的总体价值目标和价值定位，在吸引更多企业融入产业价值系统的同时，与产业链其他成员之间通过协作配合，实现资源的整合，创造出用户满意的个性化的产品和应用，通过销售渠道交付给客户,监督和管理整个价值网中价值增值的过程。由此可见,实现产业链价值的最大化应当从对价值网的各环节优化入手,需要价值网各参与企业间根据市场环境的动态变化,积极互动合作,如此价值增值过程的反复循环过程就形成了 SaaS 运营商的价值系统,如图 6-4 所示。

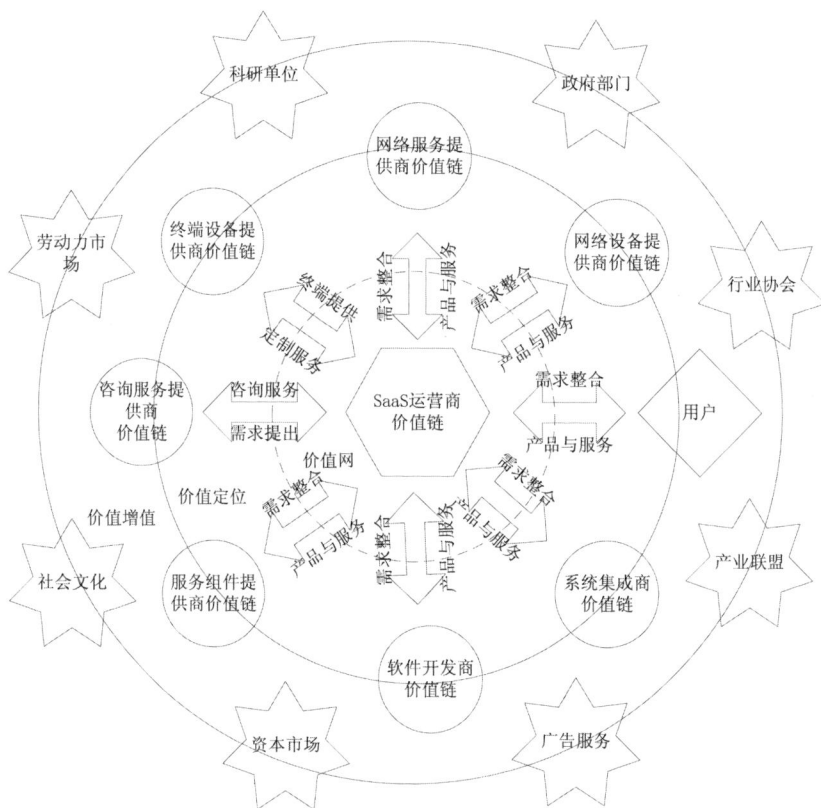

图 6-4　SaaS 运营商的价值系统

如图 6-4 所示,围绕着 SaaS 运营商价值链的增值过程,分布在其周围的 SaaS 产业链上的其他成员的价值量也相应地获得了一定的价值增加。对于 SaaS 运营商来说,选择系统兼容和实力较强的软件服务提供商及硬件设施提供商,更有利于提升 SaaS 运营商业务水平和增强用户群对 SaaS 运营商服务的认可度及满意度,推进 SaaS 运营商核心竞争力的增长。当前的 SaaS 产业中,SaaS 服务提供商充当着 SaaS 运营商的角色,它通过建立

SaaS 平台式服务模式等附加功能来增加价值。将来随着网络运营商实力的增强,极有可能与 SaaS 服务提供商一起竞争组织者之位。

6.3.3　基于价值网的 SaaS 产业链协同网络模型

基于前文的分析,SaaS 产业在我国还没有实现真正的协同发展。如果在未来的产业发展过程中还沿用旧的发展模式,或盲目遵从其他产业协同发展的经验,我国 SaaS 产业可能很难实现产业的突破和创新。要有效推动我国 SaaS 产业的快速发展,应在统一 SaaS 产业的战略发展和管理理念的基础上,将推进核心技术合作和提倡产业资源共享相结合,以缩小我国与国际 SaaS 产业发展的差距。建立基于价值网的 SaaS 产业链协同网络的模型将帮助产业各参与者对 SaaS 产业中协同形成一个客观的认识,在此模型的基础上,各参与者通过技术合作、资源融合、行业参与及管理统一等途径,推动我国 SaaS 产业健康持续地发展。

图 6-5 给出了基于价值网的 SaaS 产业链协同网络模型的基本架构。该模型从上至下包括管理协同、技术协同以及资源协同三个层次。SaaS 产业链中节点成员的管理协同在模型的顶层,总领产业协同的发展理念;SaaS 产业链中节点成员的技术协同在模型中起到中层砥柱的作用,为产业系统提供核心的技术支持;各节点成员间的资源协同在模型的最底层,为产业协同提供最基础的资源。在产业链的实际商业运作中,三个层次的协同理念和行为将跨越层次的概念,纵横交织、灵活有机地融合在一起,共同推进 SaaS 产业链的整体协同。

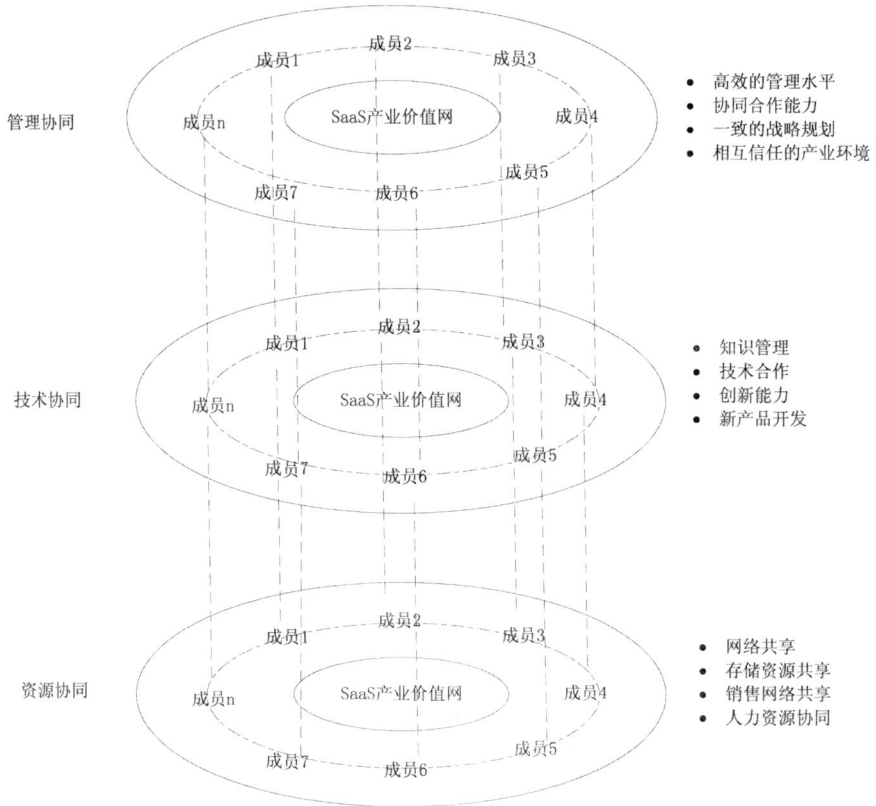

图 6-5 基于价值网的 SaaS 产业链协同网络模型

管理协同是 SaaS 产业链的整体战略机能的体现。SaaS 产业的各参与企业根据企业自身的内部条件和企业文化背景,结合市场的现实环境及用户的消费习惯特征,制定出基于产业链共同价值目标的企业发展战略规划。实现 SaaS 产业链的管理协同可以借助制定规范整个产业链运作的目标和准则,以此为产业链上的各个成员提供企业业务发展战略制定的参考,使企业能够与产业发展的总体规划目标保持高度一致性;同时,产业的核心引导者还可以根据各成员完成规划目标的实际情况及时给出指导性的意见,帮助产业链中各企业通过时刻与产业整体战略规划的同步性提高整个产业链运作的效率[214]。

SaaS 产业链的技术协同是在产业各成员企业实现了统一的战略部署的前提下,在产业链各成员间展开广泛的技术交流和合作,例如,创新技术开发、技术合作、平台接口共享、知识资源共享等从而实现技术的优势互补,在一定程度上平衡产业链中核心技术拥有者的收益,保证产业链成员间稳定和持续的价值活动的活跃程度,实现产业链的价值增值。此外,产业链中各成员企业还应重视自身信息技术的创新和发展,例如,在 SaaS 服务的核心技术上,SOA 技术、WebServices 技术、云存储技术、虚拟化技术和数据管理技术等方面的更新[215],保障产业的技术先进性,提高用户满意度,实现信息的高效流通。

SaaS 产业链的资源协同主要指网络资源、存储资源、销售网络和人力资源的共享。借助这些资源的共享,实现产业链上各节点成员之间高效率的信息交换和互通,提升产业的资源利用率和合理分配的能力,尽可能地减少因区域局限性造成的资源浪费和成本浪费的现象。通过战略联盟体和技术创新联盟体的形式,借助这些平台机构,扩大各产业成员的销售渠道和用户群体,培育更多高层次复合型技术人才,在产业链成员共同营造的良性竞争环境中,实现优势互补,提升产业整体竞争力。

6.4 基于价值网的 SaaS 产业链协同投入博弈模型

6.4.1 SaaS 产业链协同投入博弈模型构建

SaaS 产业链上的成员企业,包括用户、SaaS 服务提供商和产业链其他相关成员(独立软件开发商、硬件供应商、网络设备提供商、网络运营商、终端提供商),要实现 SaaS 产业链的整体协同(包括管理协同、技术协同以及资源协同)和产业协同化发展,必须各自付出一定的产业协同投入,包括资金投入和时间、精力等非资金投入。为了方便建立博弈模型和博弈分析,本研究假定成员企业产业协同的非资金投入可以量化为资金投入,此时,在每个成员企业资金预算约束下,成员企业可以将资金投入 SaaS 产业链协同的实现和运营活动中,也可以将资金投入产品研发、软硬件建设等其他方面。

基于前文分析可知,在 SaaS 产业链协同网络中,SaaS 服务提供商是组织者和主导企业,在产业链网络中处于核心地位,因此本研究假定 A 代表 SaaS 服务提供商,B 代表 SaaS 产业链中的其他企业,$I_S(A)$ 和 $I_O(A)$ 分别表示 SaaS 服务提供商在产业协同投入和用于其他方面的投入;$I_S(B)$ 和 $I_O(B)$ 分别表示其他企业在产业协同投入和其他方面的投入;同时,假定 SaaS 产业链投资收益函数为柯布—道格拉斯(Cobb-Douglas)函数。此时,SaaS 服务提供商 A 和其他企业 B 的投资收益函数分别为:

$$Y(A) = \mu_1(I_S(A) + I_S(B))^{\alpha_1}(I_O(A) + I_O(B))^{\beta_1} \quad (6\text{-}1)$$

$$Y(B) = \mu_2(I_S(A) + I_S(B))^{\alpha_2}(I_O(A) + I_O(B))^{\beta_2} \quad (6\text{-}2)$$

其中,$\mu_i(i = 1,2)$ 表示随机干扰的影响,$0 \leqslant \alpha_i(i = 1,2) \leqslant 1$,$0 \leqslant \beta_i(i = 1,2) \leqslant 1$;$\alpha_i + \beta_i \leqslant 1(i = 1,2)$。$\alpha_1$ 表示 SaaS 服务提供商 A 对产业协同投入外部效应的关注度,α_2 表示其他企业对产业协同投入外部效应的关注度。通常 SaaS 服务提供商 A 作为 SaaS 产业链的主导企业对产业协同投入外部效应的关注度会高于其他企业对产业协同外部效应的关注度,因此,有 $\alpha_1 > \alpha_2$。

设 $C(A)$ 和 $C(B)$ 分别表示 SaaS 服务提供商 A 和其他企业 B 的投资预算,其各自的投资收益目标为:

$$\max_{I_S(A),I_O(A)} Y(A) = \mu_1(I_S(A) + I_S(B))^{\alpha_1}(I_O(A) + I_O(B))^{\beta_1}$$

$$(6\text{-}3)$$

$$s.t. \begin{cases} I_S(A) + I_O(A) \leqslant C(A) \\ I_S(A) \geqslant 0 \\ I_O(A) \geqslant 0 \end{cases}$$

$$\max_{I_S(B),I_O(B)} Y(B) = \mu_2(I_S(A) + I_S(B))^{\alpha_2}(I_O(A) + I_O(B))^{\beta_2}$$

$$(6\text{-}4)$$

$$s.t. \begin{cases} I_S(B) + I_O(B) \leqslant C(B) \\ I_S(B) \geqslant 0 \\ I_O(B) \geqslant 0 \end{cases}$$

6.4.2　模型求解

假定 SaaS 服务提供商 A 或其他企业 B 在进行投资分配决策时,另一方企业的投资分配方案已给定。同时,假定两个企业 A 和 B 的投资预算 $C(A)$ 和 $C(B)$ 全部用于投入与产业链协同或其他方面,即 $I_S(A) + I_O(A) = C(A)$、$I_S(B) + I_O(B) = C(B)$,对式(6-3)和式(6-4)优化求解得:

SaaS 服务提供商 A 的反应函数为:

$$I_S^*(A) = max\left\{\frac{\alpha_1}{\alpha_1 + \beta_1}(C(A) + C(B)) - I_C(B), 0\right\} \quad (6\text{-}5)$$

$$I_S^*(B) = max\left\{\frac{\alpha_2}{\alpha_2 + \beta_2}(C(A) + C(B)) - I_O(A), 0\right\} \quad (6\text{-}6)$$

由 A、B 企业的反应函数可知:

(1)其他企业 B 对 SaaS 产业链协同投入每增加 1 个单位,SaaS 服务提供商 A 对 SaaS 产业链协同投入就相应地减少 1 个单位;相应地,SaaS 服务提供商 A 对 SaaS 产业链协同投入每增加 1 个单位,其他企业 B 对 SaaS 产业链协同投入也会相应地减少 1 个单位。

(2)SaaS 服务提供商 A 的投资预算每增加 1 个单位,其对 SaaS 产业链协同的最优投入应增加 $\dfrac{\alpha_1}{\alpha_1 + \beta_1}$ 个单位;相应地,其他企业 B 的投资预算每增加 1 个单位,其对 SaaS 产业链协同的最优投入应增加 $\dfrac{\alpha_2}{\alpha_2 + \beta_2}$ 个单位。

(3)当 SaaS 服务提供商 A 的总预算投资额增加 1 个单位时,其他企业 B 对 SaaS 产业链协同的最优投入应追加 $\dfrac{\alpha_2}{\alpha_2 + \beta_2}$ 个单位;相应地,当其他企业 B 的总预算投资额增加 1 个单位时,SaaS 服务提供商 A 对 SaaS 产业链协同的最优投入应追加 $\dfrac{\alpha_1}{\alpha_1 + \beta_1}$ 个单位。

为了实现 SaaS 产业链整体协同,SaaS 服务提供商 A 的理想投入规模为:

$$I^*(A) = I_S^*(A) + I_s(B) = \frac{\alpha_1}{\alpha_1 + \beta_1}(C(A) + C(B))$$

其他企业 B 的理想投入规模为:

$$I^*(B) = I_S^*(B) + I_s(A) = \frac{\alpha_2}{\alpha_2 + \beta_2}(C(A) + C(B))$$

令 $\beta_1 = \beta_2 = \beta$,则有:

$$I^*(A) > I^*(B)$$

上式表明,SaaS 产业链协同价值链上 SaaS 服务提供商 A 对 SaaS 产业链协同的理想总投资规模总是大于其他企业 B 对 SaaS 产业链协同的理想总投资规模。这一结论和大家的直觉推论基本一致,作为 SaaS 产业链协同价值链上的主导企业,SaaS 服务提供商 A 对 SaaS 产业链协同的关注度一定最大,因此,其对产业协同的理想投入规模相应地也会最大。

6.4.3 均衡解解析

根据 SaaS 服务提供商 A 的投资预算总额 $C(A)$ 和其与其他企业 B 对 SaaS 产业链协同的理想投资额 $I^*(A)$ 和 $I^*(B)$ 之间的关系,下面分三种情景讨论模型的均衡解。

情景 1:若 SaaS 服务提供商 A 的投资预算总额不小于 SaaS 服务提供商 A 对 SaaS 产业链协同的理想投入规模,即 $C(A) \geqslant I^*(A)$,使用重复剔除严格劣策略的方法,可以得到该情况下的均衡解为:

$$I_S^*(A) = \frac{\alpha_1}{\alpha_1 + \beta_1}(C(A) + C(B))$$

$$I_O^*(A) = C(A) - I_S^*(A) = C(A) - \frac{\alpha_1}{\alpha_1 + \beta_1}(C(A) + C(B))$$

$$I_S^*(B) = 0$$

$$I_O^*(B) = C(B)$$

上述均衡解说明,当 SaaS 服务提供商 A 的投资预算总额不小于 SaaS 服务提供商 A 对 SaaS 产业链协同的理想投入规模,即 $C(A) \geqslant I^*(A)$ 时,SaaS 服务提供商 A 独自满足 SaaS 产业链协同所需的全部投资,投资预算 $C(A)$ 中超出用于 SaaS 产业链协同投入的部分用于其他方面的投资;而其他企业 B 对 SaaS 产业链协同不做任何投入,将其所有的预算投资用于其他方面。

这种情景下,用于 SaaS 产业链协同的投入总额为:

$$S^* = I_S^*(A) + I_S^*(B) = \frac{\alpha_1}{\alpha_1 + \beta_1}(C(A) + C(B))$$

用于其他方面的投入为:

$$O^* = I_O^*(A) + I_O^*(B) = \frac{\beta_1}{\alpha_1 + \beta_1}(C(A) + C(B))$$

从某种程度看,这种产业链投入预算的分配方案更符合 SaaS 服务提供商 A 的投资需求偏好。

情景 2:SaaS 服务提供商 A 的投资预算小于 SaaS 服务提供商 A 对 SaaS 产业链协同的理想投入规模,但又大于其他企业 B 对 SaaS 产业链协同的理想投入规模,即 $I^*(B) \leqslant C(A) \leqslant I^*(A)$,同样使用重复剔除严格劣策略的方法,可以得到情景 2 的均衡解为:

$$I_C^*(D) = P(D)$$

$$I_{NC}^*(D) = 0$$

$$I_C^*(ND) = 0$$

$$I_{NC}^*(ND) = P(ND)$$

上述均衡解说明,当 SaaS 服务提供商 A 的投资预算总额小于 SaaS 服务提供商 A 对 SaaS 产业链协同的理想投入规模,但又大于其他企业 B 对 SaaS 产业链协同的理想投入规模,即 $I^*(B) \leqslant C(A) \leqslant I^*(A)$ 时,SaaS 服务提供商 A 仍然独自满足 SaaS 产业链协同所需的全部投资,而且是将所有的预算资金用于 SaaS 产业链协同;而其他企业 B 仍然对 SaaS 产业链协同不做任何投入,而将其所有的预算投资用于其他方面。

这种情况下,用于 SaaS 产业链协同的投入总额为:

$$\frac{\alpha_2}{\alpha_2 + \beta_2}(C(A) + C(B)) \leqslant S^*$$

$$= I_S^*(A) + I_S^*(B) \leqslant \frac{\alpha_1}{\alpha_1 + \beta_1}(C(A) + C(B))$$

用于其他方面的投入为:

$$\frac{\beta_1}{\alpha_1 + \beta_1}(C(A) + C(B)) \leqslant O^*$$

$$= I_S^*(A) + I_O^*(B) \leqslant \frac{\beta_2}{\alpha_2 + \beta_2}(C(A) + P(B))$$

这种投入分配的方案处于 SaaS 服务提供商 A 和其他企业 B 的偏好之间。

情景 3:SaaS 服务提供商 A 的投资预算总额小于其他企业 B 对 SaaS 产业链协同的理想投入规模,即 $C(A) \geqslant I^*(B)$ 时,均衡解为:

$$I_S^*(A) = C(A)$$

$$I_O^*(A) = 0$$

$$I_S^*(B) = \frac{\alpha_2}{\alpha_2 + \beta_2}(C(A) + C(B)) - C(A)$$

$$= \frac{\alpha_2}{\alpha_2 + \beta_2}C(B) - \frac{\beta_2}{\alpha_2 + \beta_2}C(A)$$

$$I_O^*(B) = C(B) - I_S^*(B) = \frac{\beta_2}{\alpha_2 + \beta_2}(C(A) + C(B))$$

上述均衡解说明,当 SaaS 服务提供商 A 的投资预算总额小于其他企业 B 对 SaaS 产业链协同的理想投入规模,即 $C(A) \geqslant I^*(B)$ 时,SaaS 服务提供商 A 将所有的预算资金额全部用于投资 SaaS 产业链协同;而其他企业 B 对 SaaS 产业链协同做部分投入,以弥补 SaaS 服务提供商 A 对 SaaS 产业链协同理想投入规模中的差额部分,然后将剩余预算资金用于其他方面的投资。

进一步分析其他企业 B 的均衡投入规模,可以得出如下结论。

(1)当 SaaS 服务提供商 A 对于 SaaS 产业链协同的投入规模缩小时,其他企业 B 反而会增加自身对 SaaS 产业链协同的投资。假设 SaaS 服务提供商 A 对 SaaS 产业链协同的投资额减少 1 个单位,那么其他企业 B 将会追加 1 个单位用于 SaaS 产业链协同的投入。

(2)假定 SaaS 服务提供商 A 和其他企业 B 的投资预算之和是一个固定的常数,那么当 SaaS 服务提供商 A 的投资预算额减少 1 个单位时,其他企业 B 的投资预算总额就会增加 1 个单位,而且预算中增加的 1 个单位完全用于 SaaS 产业链协同的投资。

这种情况下,用于 SaaS 产业链协同的总投资为:

$$S^* = I_S^*(A) + I_S^*(B) = \frac{\alpha_2}{\alpha_2 + \beta_2}(C(A) + C(B))$$

用于其他方面的投资为:

$$O^* = I_O^*(A) + I_O^*(B) = \frac{\beta_2}{\alpha_2 + \beta_2}(C(A) + C(B))$$

这种投入分配方案更符合其他企业 B 的偏好。

6.4.4　博弈分析的结果分析

(1)如果 SaaS 产业链协同价值链上的 SaaS 服务提供商 A 对 SaaS 产业链协同的投资比较大,其他企业 B 就没有太大的积极性将自己的预算投资用于 SaaS 产业链协同中,虽然 SaaS 服务提供商 A 认为目前的投入并不足。

这个结论恰好解释了现实问题,SaaS 产业链协同作为新事物,在其发展的初期,SaaS 服务提供商 A 为了产业链的自身利益和产业链的整体利益,实现产业链协同而进行较大规模的投入,并力图通过各种方式引起产业链上其他企业对产业链协同的积极关注,但此时的其他企业 B 大多处于观望状态,所以对 SaaS 产业链协同不会进行投入,而是专注于其他方面的投资。

（2）如果 SaaS 产业链协同价值链上的 SaaS 服务提供商 A 将其预算资金全部投入 SaaS 产业链协同中,此时,其他企业 B 对 SaaS 产业链协同仍然不做任何投资。

这个结论解释了这样的现象:随着 SaaS 产业链协同的进一步发展,产业链协同的运行逐渐稳定,产业链协同为整个 SaaS 产业链带来的价值越来越高,此时,SaaS 服务提供商 A 开始减少投资预算,不过仍然将全部投资预算额用于 SaaS 产业链协同,站在其他企业 B 的角度,此时对 SaaS 产业链协同的投资额仍然是充足的,因此,其他企业 B 仍然对 SaaS 产业链协同不做任何资金投入。

（3）当 SaaS 服务提供商 A 将其全部资金预算投入 SaaS 产业链协同中,而其他企业 B 认为其对 SaaS 产业链协同的投资不足时,就会主动对 SaaS 产业链协同进行投资。

这个结论解释了这样的现象:随着时间的推移,SaaS 产业链协同日益成熟,其创造的价值越来越高,SaaS 服务提供商 A 对 SaaS 产业链协同的投入预算越来越少,进而导致其投资额不能满足其他企业 B 对 SaaS 产业链协同投入的期望,于是,为了进一步提升 SaaS 产业链协同带来的价值,其他企业 B 开始行动起来,增加对 SaaS 产业链协同的投资,以维持 SaaS 产业链协同网络的良好运行。这时 SaaS 服务提供商 A 可将部分注意力投入其他业务中。

6.5　本章小结

本章以价值网理论为基础,分析了价值网中常见的结构模型及其价值网络特征。基于这一理论和前文对 SaaS 产业链的剖析,本章首先分析了价值网对 SaaS 产业链协同的影响,同时理清了 SaaS 产业链中价值的形成并构建了基于价值网的 SaaS 产业结构模型。模型包括管理协同、技术协同以及资源协同三个层次。管理协同在模型的顶层,总领产业协同的发展理念;技术协同在模型中起到中层砥柱的作用,为产业系统提供核心的技术支撑;资源协同在模型的最底层,为产业协同提供最基础的资源。在产业链的实际商业运作中,三个层次的协同理念和行为将跨越层次的概念,纵横交织、灵活有机地融合在一起,共同推进 SaaS 产业链的整体协同。

在此基础上,本章在对模型中各关键环节的分析以及其相互协同所产生的协同效益的认定的基础上,构建了基于价值网的 SaaS 产业链协同投入模型。结果发现,不管 SaaS 服务商对 SaaS 产业链协同投资多少,只有当其他企业认为其对 SaaS 产业链协同的投资不足时,才会主动对 SaaS 产业链协同进行投资。这一结论为 SaaS 产业政策制定者和实践管理者提供了重要启示。

第7章　SaaS 产业链协同能力评价体系构建

　　基于第6章对价值网的 SaaS 产业链各参与方的关联关系的阐述和对 SaaS 产业链协同网络模型的构建,本章将通过对该模型的深入分析以建立评价体系,通过评价体系的各项指标来检验当前 SaaS 产业的协同能力水平。通过对 SaaS 产业链协同能力的评价,一方面保障了模型的客观性和科学性,自检模型是否能达到预期的效果,以便进一步完善模型,提高研究成果的准确性、科学性和易实施性;另一方面能够更准确地把握北京市 SaaS 产业系统发展现状和发展中存在的阻碍,以便为产业发展协同提出建设性意见和建议,更有利于组织用户采纳 SaaS 服务。根据 SaaS 产业链协同网络模型的架构,SaaS 产业链协同评价体系相应的划分为管理协同评价、技术协同评价和资源协同评价。评价的内容包括两个部分:一是对以上三个方面的协同评价,二是基于这三个方面对整体的评价。

7.1　SaaS 产业链协同能力评价指标体系构建

7.1.1　SaaS 产业链协同能力评价的目的

　　产业链协同化是每个产业为顺应国际发展和提升产业竞争力的一种新的管理模式和途径[216]。对产业链中的各成员来说,鉴于其不同的内部条件和所处的竞争环境,成员之间只有采取互惠互利的合作模式才可能实现产业发展的共同目标。建立 SaaS

产业链协同能力的综合评价体系,目的是系统地分析和归纳影响 SaaS产业链协同发展的因素,对目前 SaaS产业链发展的实际水平有一个更客观和系统的认识,从而为产业发展和 SaaS产业链成员企业提出合理可行的政策建议和改进措施,以求提高 SaaS产业的整体效益。

建立 SaaS产业链协同能力评价体系的目的主要包括以下三个方面。

(1)对 SaaS产业协同发展的整体现状和子系统现状进行评价,了解 SaaS产业协同发展的成长空间。

(2)对与 SaaS产业协同发展密切相关的信息进行总结归纳,识别出存在于产业系统发展中的阻碍因素,有针对性地提出改善性行为方式和应对策略。

(3)建立协同发展的最优模式,为 SaaS产业提供发展途径,实现产业各成员均衡发展,提高各成员企业的管理水平和商业收益。

7.1.2 SaaS产业链协同能力评价指标体系的设计原则

为达到协同能力评价的目的,在设定评价指标时要尽量选取能客观反映产业协同能力的那些有代表性的因素,避免主观臆断,降低测量偏差。为了使设立的评价指标体系更具科学性,在设立指标体系之前先就设计的原则做一简单的阐述。

(1)完整性原则。SaaS产业链协同能力评价指标的设计应完整地考虑产业发展的各个环节,涵盖产业链协同能力发展的各种情景状况。指标的设计还应将产业的外部环境涉及的因素综合考虑,不仅能反映产业的发展现状,还能反映其潜在的发展趋势和发展规律。鉴于产业链的成员特点不一、成员之间的关系是相互交叉、复杂变化的,因此,还需要以整体性发展的思路来衡量任何一个协同中出现的问题。

(2)客观性原则。评价指标应该是通过大量的文献总结和专家调研,以客观的数据和实际从业者或学者的认识总结为基础设定的。因此,对评价指标的选择应围绕调查区域内的产业链协同发展的实际状况提出相关的因素,指标的内涵要明确,应具备一定的可度量性,使其能够全面完整地反映指标的性质。

(3)实用性原则。由于产业链涵盖了跨行业、多类型的企业组织,产生了大量对产业链协同发展有影响的因素,因此,指标体系的选择应当只考虑那些关联性大、逻辑性强、使用范围切合产业特点的标准,在保证全面性原则的基础上简化设计、避免重复。选择最能影响 SaaS 产业链协同的共性和个性特征,在评价体系的实践应用过程中更具备客观准确性和推广性。

7.1.3 SaaS 产业链协同能力评价指标体系

在前文从价值网角度对 SaaS 产业链协同的分析研究和产业协同思想的提出的基础上,本研究将评价体系细分为三个层次,形成三大准则:管理协同、技术协同、资源协同(图 7-1)。其中管理协同能力评价包含管理水平、合作能力、战略制定、信任度这四个二级评价指标。技术协同评价包含知识管理、技术合作能力、创新能力、新应用开发计划这四个二级评价指标。资源协同包含网络共享、存储资源共享、销售网络共享、人力资源协同这四个二级评价指标。

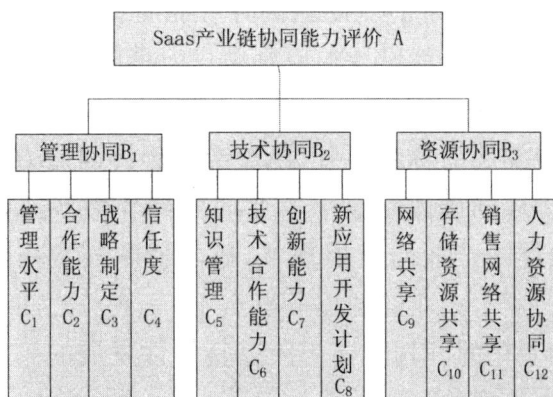

图 7-1 SaaS 产业系统协同能力评价的层级结构图

7.1.4　指标权重及定性指标赋值方法的确定

SaaS 产业链协同评价体系是通过专家访谈和调研,根据各指标的重要程度,对各指标赋予一定的权重(权重之和为 1)的打分赋值法。赋值的对象是二级指标所对应的评价值。通过对这些二级指标的赋值打分结果的分析,得出协同评价的不同层次水平。协同程度分为五个等级,优、良、中、差、劣。

1. 管理协同

管理协同主要是为了衡量产业链中的各成员企业是否是从产业的共同价值目标出发制定战略目标和规划。在产业链运作过程中,成员企业是否有为增强整个产业链的竞争力而激发的全局意识和自发性配合意识。管理协同准则包括四个指标:管理水平、合作能力、战略制定、信任度。下面是对这四个指标的定义。

管理水平是指产业链上的主导企业,通过协调、监督和管理SaaS 产业的成员企业,在有效利用各项资源的基础上,提高合作效率,降低合作管理的成本,提升产业链的管理水平。

合作能力是指产业链各成员间的协调能力、沟通能力、组织能力、合作工作效率等。通过这一指标的设定,可以衡量产业链上各节点企业通过相互分工配合的程度,以及这种合作能力水平对实现产业链利益的最大化的促进程度。

战略制定是指 SaaS 产业链上各节点成员在 SaaS 产业发展的市场环境下,根据其自身资源条件设定的商业计划和目标的一致性程度。目标一致性的程度越高,越相近,就会带动产业链的协同能力提高得越快,产业链协同的效应越好。

信任度是指产业链上各节点成员对彼此互相信任的程度。成员间的信任度水平不但会对产业成员间的战略制定目标一致性和合作意愿起着重要的作用,同时还会影响企业成员合作过程中的行为特点,例如,对技术资源以及市场资源等信息的共享意愿等。显然,产业链中各成员间的信任度是对产业链协同能力起正向影响作用的。

管理协同指标评价标准如下。

表 7-1　管理协同评价指标体系及评价标准

二级指标	符号	评价值	评价标准
管理水平	C_1	优	产业链中存在主导产业发展和资源整合的核心成员或者其他组织机构,能够协调其他成员企业,同时对产业环境起到监督和管理作用,提升产业链的整体管理水平
		良	产业链中出现了能够主导产业发展和资源整合的角色成员,能够在一定的范围内对 SaaS 产业进行协调、监督和管理,为节约成本和提高管理能力起到一定的积极作用
		中	在有限的地域或者产业范围内,产业链内存在主导性成员,对产业的部分资源以及区域内的协调、监督和管理起到了推动作用
		差	产业链内尚未出现具有主导能力的成员,产业链内各成员对产业的部分资源以区域内的协调、监督和管理的重要性存在一定的意识
		劣	产业链中各成员仅关注自身或所在区域的资源可用度,SaaS 产业内不存在各方协调、监督和管理的相关机制和主导角色
合作能力	C_2	优	产业链各成员能够很好地实现协调沟通、组织合作、高效工作,合作意愿积极且强烈,有效促进了产业链优化整合,有效提高了产业效益和发展速度
		良	产业链各成员在协调沟通、组织合作、工作效率、合作能力方面水平参差不齐,有一定的合作意愿对产业链进行优化整合,提高产业效益和发展速度
		中	产业链各成员已基本建立了协调沟通、组织合作、有效工作的意识,但并无实质上的商业合作,对产业发展的推动出现明显变化
		差	产业链内成员还局限在仅和其利益相关方进行合作的阶段,尚未考虑与竞争者求同存异,取长补短、合作发展
		劣	产业链各成员各自为政,竞争排他意识占主导,合作能力低下

续表

二级指标	符号	评价值	评价标准
战略制定	C₃	优	产业链内各参与方能够准确把握自身的资源、能力状况和所处的外部环境,发现协同机会,具有全局性和长期性,能够实现产业链整体协同发展
		良	产业链内各参与方能够较好地实现资源和能力整合,较准确地把握产业链各参与方的优势、劣势,能够充分利用环境变化带来的协同机会,具有较好的产业链整体意识
		中	产业链内各参与方在为协同发展制定出一些相关措施和方法来试图实现资源和能力整合,注意到了环境变化带来的协同机会,有一定的产业链整体意识
		差	产业链内各参与方几乎没有为协同发展而制定相关措施和方法来实现资源和能力整合,几乎不能充分利用环境变化带来的协同机会,没有较强的产业链整体意识
		劣	产业链内各参与方各自进行战略制定,不能适应外部环境变化,没有整体协同意识
信任度	C₄	优	产业内已建立完善的技术标准、运营标准和行业准入标准以及有关知识产权保护、数据集因素保护、安全管理、垄断等法律法规,各成员之间信任度高
		良	产业内已建立了一些技术标准、运营标准和行业准入标准以及有关知识产权保护、数据集因素保护、安全管理、垄断等法律法规,各成员之间信任度较高
		中	产业内已有部分技术标准、运营标准和行业准入标准,各成员之间通过合作,有了一定的信任度
		差	产业内的技术标准、运营标准和行业准入标准还很缺乏,各成员建立信任度很困难
		劣	产业内不存在技术标准、运营标准和行业准入,各成员不信任

2.技术协同

技术协同主要是为了衡量产业链中各节点企业之间技术交流与合作的深度和广度,如技术知识资源的整合和管理、技术合作的范围和深度、创新技术开发的速度和参与度、应用软件开发的协调一致性等。产业链各成员企业通过技术协同,能够有效平衡 SaaS 产业中技术掌握方的收益,促进技术溢出,保证产业的技术稳定发展。技术协同准则包括四个指标:知识管理、技术合作能力、创新能力和新应用开发计划。下面是对这四个指标的定义。

知识管理是指产业内对知识资源的管理是否到位,例如,掌握在 SaaS 企业、高校、科研机构的知识资源是否得到有效的整合和共享,企业知识合作参与度如何,知识利用率和知识交流、转移和创新的需求是否得到了支持。

技术合作能力是指 SaaS 产业内各成员企业在技术开发、创新合作方面的范围是否全面,技术溢出效果是否明显,新应用服务的开发的效率是否够高等。这一准则的设立可以有效识别 SaaS 产业的技术协作能力。

创新能力的实现是通过 SaaS 产业链内各节点企业间信息的共享、资源优化配置、计划的一致和硬件设施匹配等途径来推动技术进步和技术创新、提升技术成熟度,同时降低技术障碍的能力。

新应用开发计划是指 SaaS 产业内部各成员对新应用开发计划的内容是否协调一致,只有计划目标一致,才能有效提升开发计划的时效性和有效性。这可能涉及 SaaS 新应用开发的速度、种类、成本等方面。

表 7-2　技术协同评价指标体系及评价标准

二级指标	符号	评价值	评价标准
知识管理	C_5	优	产业内企业、高校、科研机构的知识资源有效整合和共享,企业知识合作参与度高,知识利用率高,知识交流、转移和创新频繁
		良	产业内企业、高校、科研机构正在积极地对知识资源进行整合和共享,企业知识合作参与比较积极,知识利用率提升,知识交流、转移和创新取得了一定的效果
		中	产业内企业、高校、科研机构的知识资源有一定的共享和交流,企业知识合作参与度一般,知识利用率一般
		差	产业内企业、高校、科研机构的知识资源的共享和交流不足,企业知识合作意识薄弱,知识利用率较低
		劣	产业内企业、高校、科研机构的知识资源分散,利用率低下
技术合作能力	C_6	优	产业内各主体技术开发协作能力高,技术溢出效应明显,新应用服务开发的效率高,技术流动性明显
		良	产业内各主体有一定的技术开发和创新合作能力,技术溢出效应较明显,新应用服务开发的效率较高
		中	产业内各主体有一定的技术开发协作和创新合作能力,出现技术溢出效应,技术流动性一般
		差	产业内各主体缺乏足够的技术开发协作和创新合作,技术溢出现象罕见,技术流动性弱
		劣	产业内各主体不存在技术开发协作,无技术溢出效应,技术保密度高
创新能力	C_7	优	产业内部成员积极制定技术创新工作计划,参与到技术合作的研发工作中,积极配合其他成员共同解决有关技术的先进性、创新速度、成熟度以及技术障碍等问题
		良	产业内部成员制定了有关技术创新和研发的工作计划,能够较好的配合其他成员共同解决有关技术的先进性、创新速度、成熟度以及技术障碍等问题

续表

二级指标	符号	评价值	评价标准
创新能力	C_7	中	产业内部成员对技术合作的研发工作的重视度不足,在配合其他成员共同解决有关技术创新方面,表现得不够积极
		差	产业内部成员对技术合作的研发工作开展缓慢,各成员在技术创新开发和合作方面配合度较低
		劣	产业内不存在有关技术合作的研发工作和技术创新计划
新应用开发计划	C_8	优	产业内部各成员对新应用软件开发的速度、种类、成本有着一致的计划和目标,相互配合度高。新应用软件开发凸显出的高时效性,切实满足市场需求
		良	产业内部各成员对新应用软件开发的速度、种类、成本有着基本一致的计划和目标,相互配合度较高
		中	产业内部各成员对新应用软件开发的速度、种类、成本的计划和目标有分歧,相互配合效果一般
		差	产业内部各成员几乎没有为新应用软件开发的速度、种类、成本共同制定计划和目标,没有较强的协同开发意识
		劣	产业内部各成员独自进行新应用软件开发计划的制定,无视其他成员的存在和外部环境的变化

3.资源协同

SaaS 产业链的资源协同主要指产业链的各节点企业通过信息的有效传递和对用户需求和市场环境变化的准确把握,实现与其他企业成员之间的网络资源、存储资源、销售网络和人力资源的共享,保障产业链中资源传递的准确性和实效性。资源协同准则包括四个指标:网络共享、存储资源共享、销售网络共享和人力资源协同。下面是对这四个指标的定义。

网络共享主要指用户的信息与数据能否通过公用网和专用网进行传输,以实现云端存储的功能。不同的网络资源能否得到最大化的整合,提高网络资源利用率,从而节约整个产业链传输环节的网络资源。

存储资源共享是指 SaaS 产业链中涉及的信息和数据的云端存储资源是否可以进行合理整合和高效利用,避免云存储终端的重复建设、重复投资,有效利用资源。

销售网络共享指将 SaaS 产业链上各成员之间通过签订合作协议或联盟的方式共享销售渠道,从而实现客户和销售范围的开发和扩大,建立多角度、全方位的 SaaS 服务市场推广,提高客户对 SaaS 服务的认知度。

人力资源协同是指针对为 SaaS 产业链的发展现状和技术管理能力的短板,人才培养模式是否合理、人员配备是否充足,现有的人力资源水平是否能满足产业研究和发展的需要。

表7-3 资源协同评价指标体系及评价标准

二级指标	符号	评价值	评价标准
网络共享	C_9	优	信息与数据可以顺利地通过网络进行传输,公用网和专用网实现有效融合,整个产业链传输环节的网络资源利用率高
		良	网络资源融合度良好,信息与数据传输不受网络资源的限制,传输环节的网络资源利用率较高
		中	信息与数据能够通过网络进行传输,公用网和专用网部分融合,存在网络资源限制和控制浪费的现象
		差	信息与数据的网络传输不通畅,存在网络资源限制和控制浪费的现象。整个产业链传输环节的网络资源利用率较低
		劣	信息与数据不能通过网络传输,网络资源出现空置浪费的现象,整个产业链传输环节的网络资源利用率低
存储资源共享	C_{10}	优	产业内已按照规模化、集约化、安全化的标准统筹规划建立 SaaS 产业集聚区和大规模数据中心,具有开放性,通用性的存储资源,存储设施资源协调配置很合理
		良	产业内正在推动规划建立 SaaS 产业集聚区和大规模数据中心,存储资源有较好的开放性和通用性,存储设施资源协调配置比较合理
		中	产业内已正在优化 SaaS 产业集聚区和大规模数据中心的规模和安全性,存储设施资源协调利用效率较低
		差	产业内对硬件设施资源统筹使用的效果不明显,各主体自主存储,协调利用效率低
		劣	产业内不存在对存储设施资源的统一调配

续表

二级指标	符号	评价值	评价标准
销售网络共享	C_{11}	优	产业内各成员之间通过签订合作协议或联盟的方式,有效实现了共享销售渠道和客户信息,从而实现客户和营销网络的开发和扩大
		良	产业内各成员之间有较强烈的共享销售渠道和客户信息的意识,大部分的成员开始试图通过各种合作方式进行客户信息共享,扩大了商业营销网络
		中	产业内仅核心成员之间通过签订合作协议或联盟的方式,实现了共享销售渠道和客户信息,从而实现核心成员的客户信息共享,扩大了核心成员的商业营销网络
		差	产业内个别成员之间存在共享销售渠道和客户信息的现象,改善了个别成员的商业营销网络,但此现象不具备普遍性
		劣	产业内各主体独立寻求销售渠道和客户开发
人力资源协同	C_{12}	优	产业内各主体人才培养模式合理、人员配备充足,人才交流充分,人员合作研发水平高
		良	产业内各主体人才培养模式比较合理、人员配备比较充足,人才实现有效交流,人员合作研发水平较高
		中	产业内各主体人才培养模式有待改善,人员配备程度一般,有一定的人力资源流动,人员合作研发水平一般
		差	产业内各主体人才培养模式不合理,人员配备程度参差不齐,缺乏人才交流和合作研发
		劣	产业内各主体人员配备不合理,交流不明显

7.2 SaaS 产业链协同能力的模糊评价模型

7.2.1 SaaS 产业链协同能力的模糊评价模型的介绍

考虑到整个 SaaS 产业链中涉及的成员企业众多,且业务范围涉及面广,彼此间存在着复杂的合作与竞争关系,在产业链协同能力评价过程中存在很多难以精确计量和描述的指标等产业链特点,本研究采用模糊综合评价方法来评价 SaaS 产业链协同能力。这一方法已经应用到了很多领域的研究中,能够较好的解决综合评价中的模糊性[217]。

模糊综合评价方法包括五个主要步骤。

1. 设定协同能力评价指标

根据图 7-1 所示的 SaaS 产业链协同能力评价层级结构,本研究将 U 定义为协同能力评价指标因素集合,代表一级评价指标;将 u 定义为二级评价指标。本研究创建的 SaaS 产业链协同能力评价体系中一级评价指标为三个,即管理协同能力(U_1)、技术协同能力(U_2)、资源协同能力(U_3),$U = \{U_1, U_2, U_3\}$;在每个一级评价指标下分别有四个二级评价指标,即二级评价指标总共为十二个,即管理水平(u_1)、合作能力(u_2)、战略制定(u_3)、信任度(u_4)、知识管理(u_5)、技术合作能力(u_6)、创新能力(u_7)、新应用开发计划(u_8)、网络共享(u_9)、存储资源共享(u_{10})、销售网络共享(u_{11})、人力资源协同(u_{12}),$u = \{u_1, u_2, u_3 \cdots u_{12}\}$。

2. 拟定评语集合

本研究通过对专家访谈设定了五个评价标准的等级:$V = \{V_1, V_2, V_3, V_4, V_5\}$,分别代表优、良、中、差、劣。本研究主要是针对一级评价指标的评价结果进行界定。

3. 给定因素权重集

本研究结合 SaaS 产业自身的特点,采用层次分析法(AHP)来确定各层次指标的权重[218]。首先建立层次分析法的评价标度。对于某一层的某个元素,分析其下层和其有关的元素之间两两比较的重要程度,可以利用评分的方法或 1～9 的标度方法(见表 7-4)确定其相对重要性数值,在实际运用中后者最为普遍[105]。

表 7-4 1~9 标度方法

标度	含义
1	两两指标相比,同等重要
3	两两指标相比,一个比另一个重要
5	两两指标相比,一个比另一个重要
7	两两指标相比,一个比另一个重要
9	两两指标相比,一个比另一个重要

本研究根据表 7-4 中的评价标度,采用对同一级别指标的两两比较得到相对的指标的重要程度,从而计算某一级别的指标权重系数。一级指标的权重系数计算公式为(7-1):

$$w_i = \sum_{i=1}^{n}(u_{ij} / \sum_{i=1}^{n} u_{ij})/n \qquad (7\text{-}1)$$

式中:w——权重系数;u_{ij}——各指标的重要程度;n——指标个数。文中指标体系分为两级,自上而下使用公式(7-1)计算出各个指标的权重。

4.计算因素模糊矩阵

本研究采取问卷调查法,通过收集登记专家给出的评定分值,并进行分配率的统计确定,计算出每一指标等级的人数与总人数的比值 S_{nm},建立模糊矩阵([式(7-2)])。

$$S = \begin{bmatrix} s_{11} & \cdots & s_{1m} \\ \vdots & \ddots & \vdots \\ s_{n1} & \cdots & s_{nm} \end{bmatrix} \qquad (7\text{-}2)$$

式中:S——模糊矩阵;m——横向指标个数;n——纵向指标个数;S_{nm}——认定的人数与总人数的比值。

5.模糊综合评价

根据前面计算所得的权重系数 $w_i = \{w_1, w_2, w_3, \cdots w_i\}$ 和模糊矩阵 S,利用模积合成矩阵计算:$K = W * S = \{k_1, k_2, \cdots k_n\}$

得出模糊评价模型。文中针对管理协同、技术协同、资源协同三个协同能力因素,首先计算出权重向量 w_i 和各自的模糊矩阵 S_i,接着使用合成运算进行计算。本书采用 $M(\cdot,\oplus)$ 算子,$\oplus$ 是有界和算子,主要是依据各种算子的计算特征和 SaaS 产业自身的特点,这种算法能够兼顾权重与均衡性,对整体指标的计算比较适宜,见式(7-3)。

$$K = (w_1, w_2, w_3, \cdots w_i) \cdot \begin{bmatrix} s_{11} & \cdots & s_{1m} \\ \vdots & \ddots & \vdots \\ s_{n1} & \cdots & s_{nm} \end{bmatrix} = \{k_1, k_2, \cdots k_n\}$$

$$(7-3)$$

式中:K ——模糊评价模型;w_i ——各指标权重系数;s_{nm} ——认定的人数与总人数的比值;m ——横向指标个数;n ——纵向指标个数。根据模糊矩阵的运算和最大隶属度的原则,得出单因素指标的评价结果即 K_1, K_2, K_3,然后通过二级模糊评价得出最终产业链协同能力的综合评价结果。

7.2.2 SaaS 产业链协同能力的模糊评价模型的应用

本节将利用模糊评价模型的建立方法,构架基于价值网的 SaaS 产业链协同能力评价体系。

1. 评价指标体系的建立

基于价值网的 SaaS 产业链协同能力评价指标体系在前文中已经建立,详见图 7-1。

2. 基于价值网的 SaaS 产业链协同的指标评语集

本研究将 SaaS 产业链协同的评语集分成五个等级:$V = \{V_1, V_2, V_3, V_4, V_5\}$,分别代表优、良、中、差、劣。通过电子邮件和访谈的方式对从事 SaaS 产业链研究的专家和有经验的从业者进行访问,通过对问卷和访谈所得数据的收集和统计,对指标体系进行评价。

3.权重系数的计算

本研究采用层次分析法（AHP）对 SaaS 产业链协同能力的评价指标体系进行权重计算。请 20 名专家根据层次分析法的 1～9 标度法,对每一层次的评价指标的相对重要性进行定性描述,通过定量化表示,得出比较判断矩阵（如表 7-5、表 7-6、表 7-7、表 7-8 所示）。

表 7-5　SaaS 产业链协同能力 $A—B_i$ 的判断矩阵

A 协同能力	B_1 管理协同	B_2 技术协同	B_3 资源协同
B_1 管理协同	1.00	0.20	0.33
B_2 技术协同	5.00	1.00	3.00
B_3 资源协同	3.00	0.33	1.00

表 7-6　SaaS 产业链管理协同能力 $B_1—C_i$ 判断矩阵($i=1,2,3,4$)

B_1 管理协同	C_1 管理水平	C_2 合作能力	C_3 战略制定	C_4 信任度
C_1 管理水平	1.00	0.50	5.00	3.00
C_2 合作能力	2.00	1.00	7.00	5.00
C_3 战略制定	0.20	0.14	1.00	0.33
C_4 信任度	0.33	0.20	3.00	1.00

表 7-7　SaaS 产业链技术协同能力 $B_2—C_i$ 判断矩阵($i=5,6,7,8$)

B_2 技术协同	C_5 知识管理	C_6 技术合作能力	C_7 创新能力	C_8 新应用开发计划
C_5 知识管理	1.00	0.25	0.33	3.00
C_6 技术合作能力	4.00	1.00	2.00	6.00
C_7 创新能力	3.00	0.50	1.00	3.00
C_8 新应用开发计划	0.33	0.17	0.33	1.00

表 7-8　SaaS 产业链资源能力 B_3—C_i 判断矩阵 $(i=9,10,11,12)$

B_3 资源协同	C_9 网络共享	C_{10} 存储资源共享	C_{11} 销售网络共享	C_{12} 人力资源协同
C_9 网络共享	1.00	3.00	0.33	0.20
C_{10} 存储资源共享	0.50	1.00	0.20	0.14
C_{11} 销售网络共享	3.00	0.33	1.00	0.50
C_{12} 人力资源协同	5.00	5.00	2.00	1.00

根据公式 7-1,即和法,运用 EXCEL 软件,设计运算过程。下面以 SaaS 产业链协同能力 A—B_i 的判断矩阵为例,求解管理协同、技术协同、资源协同的权重及一致性判断分析如表 7-9 所示。

表 7-9　基于 A—B_i 的判断矩阵确定权重的过程分析表

A	B_1	B_2	B_3	列归一			权重 w	最大特征值 λ_{max}		CI	RI	$CR=$ CI/RI
B_1	1.00	0.20	0.33	0.111	0.130	0.077	0.106	0.320	3.011	3.039	0.019	0.520	0.037
B_2	5.00	1.00	3.00	0.556	0.652	0.692	0.633	1.946	3.072				
B_3	3.00	0.33	1.00	0.333	0.217	0.231	0.260	0.790	3.033				

经分析可知基于 A—B_i 判断矩阵的特征向量为 $(0.106,$ $0.633,0.260)^T$,也就是 SaaS 产业链协同能力评价 B 层指标的权重。最大特征值:

$$\lambda_{max} = \sum_{i=1}^{n} \frac{Aw_i}{nw_i} = \frac{1}{3}(\frac{0.320}{0.106} + \frac{1.946}{0.633} + \frac{0.790}{0.260}) = 3.039$$

进行一次性检验: $CI = \dfrac{\lambda_{max} - n}{n-1} = \dfrac{3.039 - 3}{3-1} = 0.019$,此时按矩阵阶数从随机一致性指标(见表 7-10)中找出对应的 RI 值为 0.5149;一次性比率: $CR = \dfrac{CI}{RI} = \dfrac{0.0195}{0.5149} = 0.038 < 0.1$,因此 A—B_i 判断矩阵 U 具有满意的一致性,检验通过。认为得出的权重向量值是比较可靠的。

表 7-10　判断矩阵阶数 *n* 为 2～10 的 *RI* 值

n	2	3	4	5	6	7	8	9	10
RI	0	0.5149	0.8931	1.1185	1.2496	1.3450	1.42	1.4616	1.4874

　　按照同样的算法,根据 B_j—C_i 的判断矩阵,可以求出指标层各指标相对于准则层的权重(权重计算的全部表格见附录),归总以上的计算可得出各指标因素的权重如表 7-11 所示。

表 7-11　SaaS 产业链资源协同管理协同能力评价指标体系及权重

目标层	准则层	权重	具体指标	权重
SaaS 产业链协同效应评价	B_1 管理协同	0.106	C_1 管理水平	0.289
			C_2 合作能力	0.515
			C_3 战略制定	0.066
			C_4 信任度	0.130
	B_2 技术协同	0.633	C_5 知识管理	0.114
			C_6 技术合作能力	0.516
			C_7 创新能力	0.298
			C_8 新应用开发计划	0.073
	B_3 资源协同	0.260	C_9 网络共享	0.174
			C_{10} 存储资源共享	0.072
			C_{11} 销售网络共享	0.212
			C_{12} 人力资源协同	0.543

4.计算因素模糊矩阵

　　问卷的调查对象集中于北京地区范围内主要从事 SaaS 产业研究的专家和对 SaaS 产业有经验的从业者,调查的主要内容包括对 SaaS 产业链管理协同、技术协同以及资源协同的评价。此次问卷调查总共发放问卷 22 份,回收 18 份,剔除掉无效问卷,得到有效问卷 14 份,作为本研究的参考资料。问卷结果统计如下(见表 7-12)。

表 7-12 基于价值网的 SaaS 产业链系统效应评价指标体系结果统计

等级因素	V_1 优	V_2 良	V_3 中	V_4 差	V_5 劣
C_1 管理水平	1	7	4	2	0
C_2 合作能力	2	5	4	2	1
C_3 战略制定	5	4	3	1	1
C_4 信任度	0	2	5	5	2
C_5 知识管理	0	2	4	5	3
C_6 技术合作能力	1	5	5	2	1
C_7 创新能力	0	4	6	3	1
C_8 新应用开发计划	1	4	4	4	1
C_9 网络共享	2	5	4	3	0
C_{10} 存储资源共享	0	4	3	5	2
C_{11} 销售网络共享	0	2	4	5	3
C_{12} 人力资源协同	1	3	5	4	1

根据表 7-12 计算各指标认定人数与总人数的比值，从而得出协同能力评价指标体系三级层次的模糊矩阵及在 EXCEL 中隶属度计算过程如表 7-13。采用前面介绍的 $M(\cdot, \oplus)$ 算子方法进行合成运算，最后按照最大隶属度原则做出评价。

表 7-13 基于价值网的 SaaS 产业链协同能力模糊评价分析表

准则层模糊评价						
B_1 管理协同	权重	V_1 优	V_2 良	V_3 中	V_4 差	V_5 劣
C_1 管理水平	0.289	0.071	0.500	0.286	0.143	0.000
C_2 合作能力	0.515	0.143	0.357	0.286	0.143	0.071
C_3 战略制定	0.066	0.357	0.286	0.214	0.071	0.071
C_4 信任度	0.130	0.000	0.143	0.357	0.357	0.143
综合隶属度		0.118	0.366	0.290	0.166	0.060

准则层模糊评价						
B_2 技术协同	权重	V_1 优	V_2 良	V_3 中	V_4 差	V_5 劣
C_5 知识管理	0.114	0.000	0.143	0.286	0.357	0.214
C_6 技术合作能力	0.516	0.071	0.357	0.357	0.143	0.071
C_7 创新能力	0.298	0.000	0.286	0.429	0.214	0.071
C_8 新应用开发计划	0.073	0.071	0.286	0.286	0.286	0.071
综合隶属度		0.042	0.306	0.365	0.199	0.088
B_3 资源协同	权重	V_1 优	V_2 良	V_3 中	V_4 差	V_5 劣
C_9 网络共享	0.174	0.143	0.357	0.286	0.214	0.000
C_{10} 存储资源共享	0.072	0.000	0.286	0.214	0.357	0.143
C_{11} 销售网络共享	0.212	0.000	0.143	0.286	0.357	0.214
C_{12} 人力资源协同	0.543	0.071	0.214	0.357	0.286	0.071
综合隶属度		0.064	0.229	0.319	0.294	0.094
目标层模糊评价						
SaaS 产业链协同能力 A	权重	V_1 优	V_2 良	V_3 中	V_4 差	V_5 劣
B_1 管理协同	0.106	0.118	0.366	0.290	0.166	0.060
B_2 技术协同	0.633	0.042	0.306	0.365	0.199	0.088
B_3 资源协同	0.260	0.064	0.229	0.319	0.294	0.094
模糊综合评价		0.056	0.293	0.345	0.220	0.087
最大隶属度				中等		

根据最大隶属度原则和评价结果数据可以看出：运用所构建的模型得出的 SaaS 产业链的管理协同能力为"中等"，技术协同为"良"，资源协同为"中等"，产业链总体的协同能力为"中等"。

7.3　SaaS 产业链协同能力评价结果分析

7.3.1　管理协同能力评价结果分析

从评价模型的实例考察结果来看,SaaS 产业链管理协同能力是在三个一级指标中评价结果最差的,评价结果为"中"。这表明目前我国 SaaS 产业链管理层面的协同状况还处于非常一般的水平。SaaS 在中国市场的发展还位于起步阶段,目前产业链的各基本环节正在经历不断地改进,并准备进阶到一个较为稳定的产业链结构的过程中。因此,产业链中的各成员之间应该提高内部资源的协同配合,并积极展开与产业链中其他各成员间的合作,统一产业发展的战略目标,在节约管理资源的同时,提高资产收益率和成本费用利润率,实现管理层面的价值增值。

管理协同的四个二级评价指标认可度高低不同,其中合作能力的认可度相对较高,管理水平、战略制定和信任度的认可度相对较低。这说明整个 SaaS 产业链价值网内的管理协同能力发展并不均衡。以下将针对管理水平、战略制定和信任度在协同发展中存在的问题和对策进行分析和阐述。

(1)SaaS 产业目前管理协同能力较弱的原因可能在于产业链中还缺乏龙头企业带动整个 SaaS 产业链发展。无论是以 SaaS 软件服务提供商或者是以网络运营商为主导的产业发展模式,其关键在于形成成熟、稳定的产业链结构,在市场中明确的龙头企业的引领下,进行对 SaaS 产业的整体协调、监督和管理,以提升产业链的整体管理水平。

(2)产业链内战略制定的不协调的现象与缺乏产业发展的统筹规划有关。政府层面应在采取试点、示范、专项等形式推动新型技术和应用发展的同时,关注这些新技术和应用之间的内在关联和其在产业链中所处的位置关系,加强客观认识和系统研究和规划[81]。从企业层面来看,产业链中各节点企业应在培养自身独立发展的基础上,准确把握所处的产业环境,与其他企业加强技术和商业交流,建立长期的合作关系,建立强有力的产业链整体意识。

(3)提高信任度则需从建立和完善行业技术标准和配套法律法规保障机制着手。目前国际上有多个标准化组织对云服务的服务标准进行交叉和重复性制定,以至于国际上还未出台统一的 SaaS 服务的标准体系,SaaS 服务的标准制定还处于草案规划阶段[219]。与国际相比,国内 SaaS 服务标准的制定工作更是严重滞后,还处于起步阶段,在全球的标准竞争中处于不利地位[220]。SaaS 产业中只有存在一致的服务标准才能使产业链上的各成员企业在商业合作时有据可依,对彼此服务的信任度相应得到增强。如此一来便能更有效地促使 SaaS 服务应用的推广,推进产业的健康发展。

7.3.2 技术协同能力评价结果分析

SaaS 产业链协同中的技术协同能力评价结论为"良",在三个一级标准中,是相对较好的一个评价结果,但这与"优"的评价还存有差距。这一结果表明我国在基础软件、高端存储设备等领域的技术和产品仍很薄弱,基础架构软件和数据中心整体设计水平偏低,虚拟化软件、云操作系统等关键软件产品与国外存在较大差距,SaaS 服务标准建设和国际标准话语权表现较弱。

SaaS 产业正在面临其特有关键技术的瓶颈问题。如,数据隐私性、服务性能的不稳定性、存储能力可扩展性等[221]。同时,那些支持云环境下的系统软件、平台软件和数据库管理系统等基础软件系统也是我国软件技术方面的短板[222],在 SaaS 发展方面将继续面临受制于人的被动局面。且在技术研发方面,尤其是软件技术,我国云计算服务企业主要利用开源软件,在云环境下的操作系统、管理工具等方面,实现技术突破,形成一批具有自主知识产权的产品,但利用国际开源资源实现技术突破的国内企业之间并没有形成开放合作的技术创新体系,这导致企业研发重复投入和对国外引进技术形成路径依赖。

另外,我们还看到对于 SaaS 产业链中主要负责提供途径的网络服务提供商来说,在实施技术协同时,因为缺乏统一的规范和协议体系,很难实现融合;同时,因为硬件设施提供商要面临差异性的关键技术整合和有限的可利用资源等限制因素,在实施技术协同时也受到了很大的限制。要解决这些技术上的问题,就需要针对用户的需求,在现有的网络资源的有效利用的基础上,整合 SaaS 关键技术并促进其价值增值。

调研发现,针对 SaaS 产业目前的知识管理水平的评价结果也很不理想,目前存在 SaaS 产业中知识资源分散在各成员企业、高校、科研机构等,迫切需要进行整合,实现共享,增强成员间的交流和协作,但由于技术手段和管理机制的问题,整合困难,成本过高。企业与科研机构的知识合作也较少,企业参与知识合作的深度不够。同时企业间的知识同质化现象严重,重复建设问题普遍。知识利用率低,管理手段有限。

核心技术和平台模式的一些关键技术还仅仅掌握在一些国际 SaaS 产业的领军企业中(如微软、亚马逊等),未能相互开放与通用[223]。这一现实情况不仅增添了技术成本,而且非常不利于产业链中其他企业产业链的核心技术价值转移。因此,只有更多的企业积极参与到 SaaS 产业协同发展中,通过深化技术合作和技术研发,才能有效拓宽技术合作范围,改善技术协同水平现状,以促进核心技术的掌握和资源的充分共享,节省管理及资源成本,保持整个价值活动的稳定与持续,实现产业链总体性价值增值。

7.3.3　资源协同能力评价结果分析

资源协同能力评价结果为"中",说明在 SaaS 产业链协同发展能力中资源的协同能力非常一般,仍存在很大的改善空间。

从资源协同能力的要素来看,存储资源共享、网络资源共享和销售网络共享的协同能力都偏弱,说明我国 SaaS 产业链要想在资源协同方面进行能力提升,就必须首先改进存储资源和网络资源的共享分配能力,同时还要提高 SaaS 产业整体的营销能力。

(1)SaaS 产业的存储资源协同是建立在云计算存储的基础设施发展上的。我国目前正处于云存储设施投资的热潮期,20 多个省针对云计算制定了发展规划,其中预算超过 100 亿元人民币的高达 11 个城市[224]。美国在云计算产业发展之初,也出现过这种基础建设过度投资的现象,经美国政府对数据中心的大量削减之后,存储资源得到了有效的整合。由于云计算在国内还处于起步阶段,对云计算的期望值过高,在数据存储方面的投资过大。但由于云服务应用的速度滞后于基础设施建设的速度,因此造成了存储资源的冗余。解决这一问题的关键在于 SaaS 产业链之间的共享配合,更需要云计算产业链各节点成员之间的协同配合。

(2)网络资源的共享和网络服务的流畅性直接影响了用户对 SaaS 服务质量的感知,更是 SaaS 产业发展的前提和基础。与国际上信息技术发达的国家相比,中国的互联网带宽的现状还很滞后[224]。《中国宽带用户带宽调查》报告显示,中国有超过一半以上的用户的上网速度都低于网络商定义的宽带速率[225]。SaaS 服务模式需要实现大规模信息和数据的交互,网络流量几乎呈几何式增长,极大地增大了网络传输的负荷,很有可能出现更频繁的服务中断或网络延迟等问题,从而严重制约 SaaS 产业的发展。通过网络资源的整合(如公用网和专用网的共享整合)可以有效提升网络的可利用率,促进产业链各节点在共享网络的平台上实现服务速度和质量的提升。

(3)销售网络共享包括市场信息的共享、客户资源的整合、销售渠道与影响网络的共享等,这些因素对应用研发的速度、应用服务的种类及成本等都起着关键性作用。可靠和广阔的营销网络是 SaaS 产业链中各成员企业实现产品销售和应用推广的基础。企业成员通过建立联盟体或者签订长期的合作关系,互补其销售网络信息和客户信息,更快速全面地洞悉市场需求和变化,调动产业链中各个环节企业的市场活跃性。销售网络的协同可能更适合于产业链中有直接价值流和信息流联系的上游和下游企业之间协同合作,对于行业跨度比较大、相似度比较低的企业更容易实现。

　　基于以上的评价结果和结论分析可以看出,SaaS产业链的整体协同能力的评价结果是由管理协同、技术协同和资源协同三个层面共同作用的。实证调查结果显示其整体协同水平属于"中",这一结果正好印证了我国SaaS产业当前的产业发展现状,产业链协同水平急待提高,整体协同能力有待进一步地有效发挥。为实现这一目标,不但要关注SaaS产业链的自身特点,同时还要结合产业链所处的不同发展阶段特点,有针对性地采取相应的对策措施帮助产业链内的各节点企业共同成长。我国目前的SaaS产业链发展的初级阶段的现实情况,应有所侧重地解决一些突出存在的问题,例如,产业内关键技术和服务规范不健全,产业内联盟组织数量有限,产业链中各成员对其在产业链中的定位不清,产业链成员分工不明等。从实证分析结果来看,三种协同能力中,管理和资源的协同能力较低,技术协同相对略高。这说明要实现SaaS产业快速发展还有很多方面的工作要做,需要产业链上各环节、各节点企业相互协调、共同进步。从管理的角度来说,急需战略层面的产业发展规划,由产业带头企业总领企业各成员,形成统一的商业目标和发展趋势,建立成熟的管理模式和长期稳定的合作。从技术角度来看,最重要的是各产业节点企业之间通过技术联盟和研发合作等方式,针对目前存在产业中的瓶颈类技术,进一步拓宽技术合作的范围。从资源共享角度来看,在提升网络融合和云存储技术的同时,产业链各成员要通过建立合作联盟和长期合作的模式,相互配合进行客户群的开发和维护。总的来说,在未来的产业发展中,为了使产业链各节点企业具有更强的环境适应力和产业竞争力,在保持技术层面协同的同时,应更注重产业总体规划管理和产业内资源的协同推进,以实现整个产业价值网的价值增值。

7.4　本章小结

基于对价值网的 SaaS 产业链各参与方的关联关系的阐述和对 SaaS 产业链协同网络模型的构建,本章对 SaaS 产业链的协同能力水平进行了实践调查,并应用模糊综合评价法对收集到的数据进行了分析和总结。数据显示,基于价值网的 SaaS 产业链协同能力综合评价结果为"中",这是其三个层面协同共同作用的结果,其与"优"性评价仍存在较大的差距。当前 SaaS 产业的管理协同和资源协同水平仅在"中"的等级,技术协同能力略有提高,但只是"良"。这一结果表明所构建的模型对整个产业链协同效率的提高起到了一定的积极作用,但是还存在很大的改进空间,整体的协同能力还没有完全发挥出来。

第8章 各地区云计算产业
发展状况及建议

基于前文对云计算及 SaaS 产业发展的分析,本章将选取我国云计算产业发展的三个不同省份,进行发展现状的描述,以及针对不同地区的实际产业发展条件,提出相应的云计算产业发展的建议。这里选取的主要地区有三个,首先是本书在展开 SaaS 产业发展情况调研的北京市。同时还选取了云计算产业发展较为繁荣,产业活动活跃积极的重庆市,以及正处于产业发展起步的河南省作为另外两个地区进行分析。

8.1 北京市云计算产业发展现状

在新一轮技术革命的驱动下,北京在发展云计算与大数据产业方面处于全国领先地位[226],已形成规模化发展的产业形态。2015 年,全市云计算产业规模达到 400 亿元,形成涵盖软硬件、基础设施、云计算平台、云计算应用支持服务等主要环节的产业链。

北京通过采取"基金＋基地"模式,先后布局了中国云产业园、中关村云计算产业基地等专业园区,并汇聚了以百度、金山、乐视、京东等知名企业为代表的近百家云产业相关企业。通过深入实施祥云工程升级版,金山公有云、北京健康云等一批重大云应用、云服务取得实效。此外,北京市还通过设立总规模达 200 亿元的高精尖产业发展基金,提高市场资源配置效率,形成合力支持包括云计算产业在内的高精尖产业发展。

基于地理位置的优越性,北京市将云计算领域与河北省的优势资源进行对接,从而统筹布局云计算基地,推动云产业建设发展。为了与河北省联动发展,北京市积极应对云计算集成和迁移问题,支持云计算与物联网、移动互联网技术的融合发展,加快培育新技术、新产品、新模式、新业态。同时,北京市还大力推动服务业,扩大开放综合试点工作,积极推动云计算产业国际技术应用合作,实现国内技术产品的突破。

2016 年 8 月 19 日,北京市人民政府办公厅发布了《北京市大数据和云计算发展行动计划(2016—2020 年)》,深入贯彻落实《国务院关于促进云计算创新发展培育信息产业新业态的意见》《国务院关于印发促进大数据发展行动纲要的通知》《国务院办公厅关于运用大数据加强对市场主体服务和监管的若干意见》等文件精神,全面推进北京大数据和云计算发展。

8.2　北京市云计算产业发展的对策及建议

8.2.1　"云计算＋政府治理"

2010 年 10 月,北京经济和信息化委员会与北京市发改委、中关村管委会共同发布了《北京"祥云工程"行动计划》,明确表示将通过建设中国云计算中心服务于电子政务[227]。行动计划的目标:到 2015 年,北京市在"云计算"的三类典型服务——基础设施服务、平台服务及软件服务形成 500 亿元产业规模,由此带动云计算产业链形成 2000 亿元产值,从而使北京市成为世界级的云计算产业基地。

将云计算和大数据技术相结合,建立宏观经济、市场监管、风险预警等方面的大数据决策支撑软件,加强城市运行管理、市场经济行为等各类信息的融合利用,提高决策科学化水平。建立权力运行监管平台,完善基于大数据的权力运行监督体系,依托大数据实现政府负面清单、权力清单和责任清单的透明化管理,推动改进政府治理方式,促进政府简政放权、依法行政。

　　建立公民、法人和其他组织统一的信用代码库,完善全市公共信用信息服务平台功能,依法向社会提供市场主体公共信用信息查询服务,并实现与国家信用信息共享交换平台互联互通。健全失信联合惩戒和守信联合激励机制,构建以信用为核心的新型服务和监管模式,在工商登记、统计调查、质量监管、税收征缴、金融监管、生活必需品供应、食品安全监管、消费维权等领域率先开展大数据示范应用。支持银行、证券、信托、融资租赁、担保、保险等专业机构和行业组织运用云计算创新服务模式[228]。

8.2.2 "云计算＋城市管理"

　　发展交通管理 SaaS 类软件。推进交通、规划、公安、气象等跨部门数据融合,充分整合社会数据,通过设计交通仿真模型、模拟真实路况,为制定缓解交通拥堵措施提供科学依据。吸引社会资源,开展综合交通服务云计算服务创新应用,提供道路出行、交通引导、路侧停车等服务。

　　发展生态环境 SaaS 类软件。利用物联网自动监测、综合观测等数据,开展区域空气质量预测、预报、预警及决策会商,提高联防联控和应急保障能力,有效支撑大气污染防治工作。建立水、林业、土地等资源智能监测管理体系,开展云计算监测评价和分析,加强生态环境保护。

　　发展城乡规划与国土资源管理 SaaS 类软件。建设涵盖居住环境、生态环境、公共安全、经济发展和资源节约等领域的城市环境信息系统。推动云计算应用于城市规划建设、国土资源管理、地理国情监测,向社会提供云计算应用服务。

　　发展公共安全 SaaS 类软件。建设首都公共安全云计算服务平台,在决策指挥、执法办案、治安防控等领域形成公共安全云计算服务体系,提升应对重大突发公共事件的能力。加强安全生产监管云计算应用,推动重点生产企业建立安全生产智能监测管理系统,提高事故监测预警和隐患排查能力。利用云计算服务体系提升山区及农村地区灾害风险预警及安全防范能力[228]。

8.2.3 "云计算＋公共服务"

发展市民服务云计算。推行"互联网＋政务服务",完善全市统一的互联网政务数据服务平台,研究建立互联网以"北京通"号、政务专网以身份证号为身份标识的电子证照库,在确保信息安全的前提下,实现一窗口受理、一平台共享、一站式服务、一网式办理,并与国家互联网政务数据服务平台实现互联互通。深化法人"一证通"在政务服务领域的应用,不断拓展"北京通"在社保、卫生计生、民政、交通、教育、金融等领域的应用。

发展医疗健康云计算。建立电子健康档案、电子病历数据库,建设覆盖公共卫生、医疗服务、医疗保障领域的医疗健康管理和服务云计算应用体系。支持利用社会资源开展预约挂号、分级诊疗、远程医疗、检查检验结果共享、防治结合、医养结合、健康咨询等云计算服务。制定促进医疗健康云计算共享应用的配套政策措施。

发展教育云计算。充分发挥首都教育资源优势,完善教育资源公共服务平台,加强基础教育数据收集共享,创新教育云计算服务产品,提供教育教学个性化服务,提升优质教育资源利用效率。鼓励创新网络教学模式,开展教学云计算创新应用,探索发挥云计算对变革教育方式、促进教育公平、提升教育质量的支撑作用。

发展旅游文化云计算。建立旅游投诉及评价全媒体交互中心,规范旅游市场秩序,提升服务质量。开展游客、旅游资源智能统计分析,实现重点景区游客流量的监控、预警和分流疏导。加大数字图书馆、数字档案馆、数字博物馆等公益设施的建设力度,构建文化传播云计算综合服务平台,开展个性化文化服务。

　　发展社会保障云计算。建立社会保险云计算服务体系,开展就业和社会保险云计算服务。建立以养老服务、社会救助、社会福利为核心的民政云计算应用体系,支持社会力量对民政云计算资源进行增值开发和创新应用[228]。

8.3　重庆市云计算产业发展的现状

　　2010 年 10 月 18 日,工信部确定北京、上海、深圳、杭州、无锡五个城市先行开展云计算试点。其中,上海的"云海计划"是未来三年培育十家年经营收入超亿元的云计算企业,带动信息服务业新增经营收入千亿元,打造"亚太云计算中心";北京的"祥云计划"在 2015 年,形成 2000 亿元产业规模,建成亚洲最大超云服务器生产基地。而目前,国内已有至少 20 个城市先后宣布推出云计算规划。

　　重庆将建设中国最大的云计算中心——云端计划作为首个进驻两江国际云计算中心的项目,中国国际电子商务中心将投资 16 亿元打造在岸数据处理和备份中心。该项目是商务部和重庆市的重大合作项目,已于 2011 年 4 月 6 日动工[229]。

　　2011 年 5 月 24 日,两江国际云计算中心又迎来亚太地区最大的独立电信服务商——新加坡太平洋电信。根据协议,太平洋电信将投资 1.5 亿美元,建设离岸、在岸各一栋约 1500 个机柜的数据机房,约 3 万台服务器,建成太平洋电信在中国西南的首个世界级数据中心,并于 2012 年投入运营[230]。

8.4　重庆市云计算产业发展的对策及建议

8.4.1　云计算基地

重庆市云计算基地占地 10 平方千米,开展离岸和在案数据存储和处理业务,并带动相关信息服务外包产业发展。项目计划总投资 70 亿元,全部投产后将达 50 万台服务器规模,其中 80％服务器用于提供数据存储业务,剩余 20％服务器用于提供云计算服务,形成直接产值 170 亿元/年,按 1∶5 比例带动相关信息服务外包产业计算,整个云计算产业链产值可实现超过 1000 亿元/年,带动新增就业近 5 万人[231]。

重庆市云计算基地具有五大特点:一是在岸和离岸业务一起发展,不仅为本地信息化升级,更参与分享世界性的"云蛋糕";二是硬件与软件一起发展,以数据中心为平台,把增值服务的附加值最大化;三是集中布局的云数据中心能够实现基础设施共享和数据中心兼容,使得综合成本降低 20％;四是制度创新,实现保障国家信息安全和保护跨国公司数据隐私的"双保";五是实现存放数据的下单方、运行数据方和重庆多方共赢的可持续盈利模式[232]。

目前,重庆市云计算基地已引入中国联通、美国新云公司、新加坡太平洋电信、中国国际电子商务中心、腾讯、中国移动、美国微软公司等国际国内知名公司[232]。中国联通、新加坡太平洋电信、中国国际电子商务中心等项目已开工建设,已实现 5 万台服务器运行,新布局微软、NTT、腾讯等 50 万台服务器的数据中心[233]。

8.4.2　云计算全产业链发展

重庆按照中央提出的"四化"战略,大力发展信息产业,推出
"云端"计划。"端"计划就是大力推动网络终端产品制造基地建
设。2008 年,重庆按照整机加零部件垂直整合的模式打造网络终
端产品制造基地,2014 年已建成 5 家品牌商＋6 家代工商＋800
家零部件厂商的笔电产业集群,并且将几大品牌商的全球结算业
务引入重庆,将加工贸易"微笑曲线"全流程留在了重庆,形成了
完整的产业链[234]。重庆笔电基地生产的包括笔记本电脑、台式
电脑、平板电脑、打印机、服务器、路由器在内的各类网络终端产
品将突破 1 亿台件,营业额可达 4000 亿元,重庆笔电基地已成为
中国最大的网络终端产品生产基地[235]。

"云"计划则是围绕定位服务全球的云计算数据中心建设为
突破口,推进云计算全产业链发展。云计算数据中心是云计算的
中游产业,目前,重庆已签约 86 万台服务器建设协议,30 万台服
务器已开工建设,年内将建成投用 10 万台服务器,到 2015 年已
形成 30 万台服务器规模,剩余的几十万台服务器也将陆续建成
投用[234]。与此同时,重庆努力推进云计算上下游产业联动发展,
取得明显进展。上游方面,几大电讯商不断加大在重庆的网络通
信基础设施建设力度,重庆已成为全国通信枢纽城市之一;下游
方面,努力促进各类数据处理、软件开发和应用,市政府配套出台
了支持互联网、大数据发展的系列政策,国家将重庆列为国际电
子商务结算中心试点城市之一,一批租用服务器的应用厂商相继
落户重庆。正是这种中游突破、上下游两头跟进的全产业链发展
战略,使重庆云计算产业发展受到世界上越来越多相关运营商的
关注,大大促进了重庆信息化进程[234]。

8.4.3　云计算＋物联网＋大数据

随着云计算等新一代信息技术的发展,在智慧城市建设中,

依托于云计算的物联网等技术发挥的作用越来越大。以物联网和云计算为代表的信息技术也在不断地创新和应用。这些技术在商业活动和社会发展中以较快的速度普及并日益严重地影响着人类的日常生活。与此同时,随着经济不断地快速增长,城市各种设施的不断完善,越来越多的人向城市涌入。提高基础设施的效率化和管理系统化是城市发展的当务之急。因此,云计算、物联网、大数据技术备受政府和专家学者的重视。

国际电联将 2015 年“世界电信和信息社会日”的主题确定为“电信与信息通信技术:创新的驱动力”。2014—2015 年间,重庆市的一批高水平数据中心已陆续建成投用,云计算、大数据和物联网等新兴产业目前已初步形成规模。

自 2014 年 8 月成功开通国家级互联网骨干直联点后,重庆市成为全国互联网互联互通架构中的重要节点。如今,重庆市网间互联带宽能力已达 1030G,具备疏通西南地区各省同全国之间互联互通流量的能力,各项网络指标可比肩北京、上海和广州。同时,互联网网络出口能力和网络安全也大幅提高。

借助于良好的网络基础条件,重庆市云计算、大数据和物联网产业已初步形成了规模[236]。目前,中国联通西南数据中心、太平洋电信(重庆)数据中心等一批高水平的数据中心已建成投用,容纳服务器规模达到 5 万台。其中在云计算产业方面,已实现服务器托管 1 万余台,累计发展物联网用户 500 万户,销售物联网模组 70 余万片。

另外,重庆市 IDC 业务竞争能力也因网络基础条件改善而得到增强。2014 年 8 月至 2015 年 4 月,重庆联通水土 IDC 机房出口签约带宽从 120G 增长到 650G,增长率达到 440%;出口峰值带宽从 30G 增长到 300G,增长率达到 900%。目前,阿里巴巴、腾讯、网宿、蓝汛、快网和京东等一批知名企业已陆续成为其客户[237]。

8.5　河南省云计算产业发展的现状

河南省在云计算产业的发展较之其他省份起步较晚,主要依靠政府拉动,所以云计算的应用基本都集中在政务云应用方面。2015 年 6 月,河南省新闻出版广电局出资 3 亿元,成立了"河南中原云大数据集团有限公司"。该平台现在已经正式上线运行,拥有 960 台服务器和 180 个数据库,已具备将河南省电子政务、物流及广电业务等数据迁移上云的承载能力。同年 10 月,河南省政府关于推进云计算大数据开放合作的指导意见文中指出,要先行开放民生服务领域的数据,同时,加快推进社会治理领域和产业领域数据资源开放与共享。

表 8-1　河南省云计算产业发展大事记

时间	事件	意义
2014 年 6 月	河南省政府与阿里巴巴集团在郑州签署了云计算和大数据战略合作框架协议	政府拉动云计算产业发展
2015 年 2 月	河南省最大遵循国际领先标准的第四代云计算数据中心——浪潮集团云海科技园在郑州航空港经济综合实验区奠基	这标志着河南省的云计算数据中心建设向国际水平迈进
2015 年 6 月	阿里巴巴集团旗下的阿里云计算有限公司向河南省新闻出版广电局递交了《中原云平台交付手册》,并与河南投资集团正式签署了云计算和大数据产业园合作协议	该平台已正式上线运行,拥有 960 台服务器和 180 个数据库,已具备将河南省电子政务、物流及广电业务等数据迁移上云的承载能力
2015 年 7 月	河南省安阳市大数据云计算中心正式开通	各地云计算中心的建设状况
2015 年 10 月	河南省人民政府关于推进云计算大数据开放合作的指导意见(2015)64 号文	政府推进云计算发展的政策支持

时间	事件	意义
2015 年 10 月	河南省财政厅与河南中原云大数据集团有限公司签署战略合作框架协议	河南省财政厅将依托"中原云"平台等优势资源,将省财政厅有关信息系统逐步迁移到云平台,并将依托中原云平台建设财政经济大数据融合中心
2015 年 11 月	河南省政府与中国移动、中国联通、中国电信、中国铁塔四大央企签署战略合作框架协议	贯彻落实国家十三五规划促进云计算大数据创新发展
2015 年 12 月	曙光云计算技术有限公司与河南中原云大数据集团有限公司签署战略合作框架协议	"曙光云"和"中原云"开展战略合作,在云计算中心、大数据中心、广电网络信息服务、智慧城市等方面展开全面合作与交流
2016 年 5 月	华为企业云与河南中原云大数据集团有限公司在深圳签署战略合作协议	双方就共建河南"中原云"公共云服务平台、推进河南省智慧城市建设等领域达成全方位战略合作

目前河南省的互联网数据中心包括中国联通在郑州、开封、洛阳、许昌和安阳建立的五个 IDC 机房。另外,还有 6 个由第三方已建成投入使用的 IDC 机房,分别位于郑州、洛阳和新乡。另外,近几年,河南移动开始了省内云计算中心的布局,已分别和商丘市、信阳市和安阳市政府签订了合作协议,计划建立云计算中心。2015 年 2 月,浪潮计划在郑州航空港区云计算产业园投资 19 亿元,建设河南规模最大的云计算中心,同时也是国内最先进的云计算中心,为河南迎接大数据时代,提供底层数据海量存储的技术支持。

表 8-2　云计算服务厂商产业定位

组织名称	IaaS	PaaS	SaaS	介绍
河南中原云大数据集团有限公司	√	√	√	成立于 2015 年 1 月,是省内唯一一家为政务用户提供安全可靠的云基础设施、云软件和云应用服务的云计算大数据运营机构,具有完善的运营支撑系统,国内自主知识产权的云平台,可以提供高水平的云计算服务
郑州云计算服务中心	√	√	√	成立于 2010 年 10 月,主要从事面向村镇银行特定客户群的特定业务,把金融软件技术和云计算优势相融合。提供从硬件到软件的综合云服务
河南政企云计算有限公司	√	√	√	河南政企云计算有限公司与中国电信、云计算著名技术厂商等深度合作,为政府、企事业单位提供整体云计算解决方案和云计算服务,包括城市基础工程建设、金属深加工、互联网、房地产开发等行业

8.6　河南省云计算产业发展的对策及建议

河南既是传统的农业大省和人口大省,又是新兴的经济大省和工业大省。河南省在信息技术产业方面虽然总体优势不强,如从产业格局、支撑因素、自身环境等方面没有明显优势,但局部还有可利用的条件。如何将先进的科技技术第三产业与河南省省情特点相结合,拉动传统核心产业是十分值得思考的课题。下面,将从云计算技术与河南农业、航空物流与中原城市群的结合角度提出建议。

8.6.1　智慧粮食云平台

面对历史性的发展机遇,作为中原经济区的核心地带的河南省,特别是河南农业应从产业结构融合的角度,将第三产业中诸如云计算、物联网、大数据等技术植入农业生产、运输、储存的过程中,实现由传统农业向现代农业的重大转变。因此,抓住河南省在粮食产业的发展优势,打造智慧粮食云平台,是河南省发展云计算产业的一大机遇。

该平台的主要服务对象,将针对粮食行政管理部门、粮食仓储、加工、物流企业以及相关监管机构等。

服务内容包括智能监测预警、远程监管调度、粮库经营管理、智能仓储、智能安防、粮情监测、业务在线协作等全方位服务。

8.6.2　智慧物流云平台

在国务院《中原经济区规划(2012—2020)》和《郑州航空港经济综合实验区发展规划(2013—2025 年)》支持下,郑州航空港区成为郑州经济发展的新板块和中原经济区的龙头,郑州力争建设成为一座联通全球,生态宜居、智慧创新的现代航空大都市[238]。航空港的发展,势必带动电子商务、现代物流和交通网络、互联网和信息消费、金融结算等新兴业态的出现,海量的信息与数据存储和处理是云计算、大数据等新兴技术发挥其作用的最佳机会。因此,构建智慧物流云平台,实现高效协同、智能化的物流体验是提升航空港区物流服务的最佳实践。

首先,将电子商务的业务模式结合云计算的技术,使供应链中各个环节的信息在云的环境中实时汇聚、交互、统一。

其次,打造"全球最具竞争力的物流供应链",增强航空港区的物流服务质量。

最后,最重要的是利用云技术,使用户以更低的成本、更灵活的方式获得优质、高效、智能的行业信息服务。

8.6.3　中原智慧城市群

2011 年 9 月 28 日《国务院关于支持河南省加快建设中原经

济区的指导意见》明确提出：加快中原城市群发展，实施中心城市带动战略，提升郑州作为中国中部地区重要的中心城市地位，发挥洛阳区域副中心城市作用，加强各城市间分工合作，推进交通一体、产业链接、服务共享、生态共建，形成具有较强竞争力的开放型城市群[239]。推进教育、医疗、信息资源共享，实现电信、金融同城，加快郑汴一体化进程。这一指导意见中提出的信息资源共享以及实现交通一体、金融一体、生态共建的载体实际上都离不开跨地域信息的获得、读取、分析、处理以及存储。云计算和中原城市群发展的结合可以将打造"中原智慧城市群"的想法变为现实。

首先，基于目前河南省内已建和拟建的各个数据中心，整合全省云数据中心资源，将底层存储资源虚拟化，发展基于云平台的智慧城市群。

其次，采用云计算、云存储、物联网、无线城市技术体系及核心理念，让"云"成为智慧城市群综合解决方案的基石，实现智能感知、互联互通、数据共享和城市服务中心。

虽然河南省目前在全国数据中心建设布局属于三类地区，但未来在粮食生产核心区、郑州航空港经济综合实验区、中原城市群的三大动力的带动下，建立智慧粮食云、智慧物流云和中原智慧城市群将会为云计算的发展带来新的机遇。

8.7　本章小结

本章分别对三个地区的云计算产业发展的现状进行了分析并给出了相应的发展对策。北京在发展云计算与大数据产业方面处于全国领先地位，已形成规模化发展的产业形态，其发展可以考虑将云计算与政府治理、城市管理以及公共服务相结合。重庆市可以依托中国最大的云计算中心建设项目——云端计划，大力推进两江国际云计算中心的发展，结合物联网、大数据技术带动全产业链发展。河南省在云计算产业的发展较之其他省份起步较晚,主要依靠政府拉动,所以云计算的应用基本都集中在政务云应用方面。其发展应结合省情,从智慧粮食云平台、智慧物流云平台以及中原智慧城市群的角度带动云计算产业链发展。

第9章 总结

9.1 主要结论

第一,本书在创新扩散理论(DOI)和技术-组织-环境(TOE)理论框架的基础上,加入了产业(Industry)这一因素,从产业发展和产业链协同的角度对 SaaS 采纳的影响进行考量,构建了全新的 TOIE 理论框架,并得到实证结果的支持。这一理论框架延伸了用户在采纳创新技术的关注点,并指导学者和企业管理者在今后的理论研究和实际工作中,应该从微观(技术、组织等)与宏观(环境、产业)两个层面去探讨 SaaS 采纳问题。

第二,通过量表设计与优化、大样本问卷调查,获取了 SaaS 采纳的相关数据,利用 SPSS 软件对问卷数据进行处理,分析了 SaaS 采纳的影响因素。通过实证分析发现,SaaS 服务的兼容性、复杂性、安全性、产业协同、潮流压力和政策支持是影响组织用户采纳 SaaS 服务的主要因素。而成本节约、技术准备度、商业关注度、高层支持和企业规模对组织用户采纳 SaaS 服务的影响并不显著。

第三,本书从两个方面分别构建了 SaaS 产业链的协同模型。从 SaaS 产业链成员的角度来说,本研究构建了 SaaS 产业链协同模型,通过对信息对称和不对称条件下产业协同博弈均衡的比较分析,发现 SaaS 产业市场中信息不对称的程度更加严重,从而阻碍了产业协同效应的实现。从协同投入博弈来说,本研究构建了基于价值网的 SaaS 产业链协同投入博弈模型,通过均衡解解析,结果发现,不管 SaaS 服务商对 SaaS 产业链协同投资多少,只有当其他企业认为其对 SaaS 产业链协同的投资不足时,才会主动对 SaaS 产业链协同进行投资。

第四,通过专家访谈和问卷调查,获取 SaaS 产业协同创新能力的相关数据,并利用模糊综合评价和相关软件,计算出 SaaS 产业协同能力的具体结果。结果发现我国 SaaS 产业链的管理协同效应为"中等",技术协同为"良",资源协同为"中等",产业链总体的协同效应为"中等"。这一结果印证了当前 SaaS 产业发展的现实情况,说明了此评价体系的合理性和实用性,同时还说明当前的产业系统能力还存在很大的改进空间,整体的协同效应还没有完全发挥出来。

9.2 政策建议

总的来说,SaaS 的市场还是存在很强的发展潜力的,企业对 SaaS 的使用意愿较强。因此,为了促进更多的企业用户对 SaaS 服务的关注并增强其采纳的意愿,就需要在那些显著影响企业采纳的因素上采取相应的市场宣传和配合,以此来提升 SaaS 的服务质量和产业竞争力,迎合用户企业的需求;对于政府层面来说,应该从产业协同发展的角度,设立相关的政策法规,来推进整个产业的发展,提高整个产业的竞争力。具体建议如下。

9.2.1 对 SaaS 产业中成员企业的建议

(1)致力于 SaaS 理念的普及,提高用户对 SaaS 的接受程度。SaaS 企业可以通过积极参与产业内举办的技术论坛和行业峰会等活动,向潜在客户展示先进的技术理念以及可靠、安全、高效的解决方案,以期望通过市场宣传扩大企业在我国 SaaS 应用领域的影响力,培育潜在市场。

(2)发展 SaaS 技术,降低 SaaS 的安全风险。由之前的研究结论发现,影响 SaaS 采纳的创新技术中的各因素,除了兼容性和复杂度以外就是安全风险。安全风险是阻碍 SaaS 采纳的重要因素,它直接影响了企业用户在关键业务领域应用 SaaS 服务的决策。因此,在产业技术研发合作解决 SaaS 技术的同时,更应大力宣传 SaaS 服务在安全性和稳定性方面的解决方案和优势,已达到扩大采纳 SaaS 服务的客户群体的目的,进而推进 SaaS 市场的繁荣发展。

(3)从最愿意采纳 SaaS 的行业入手,例如,信息技术行业、软件行业、一般服务业、金融业等,向重点企业推广前面的研究结论。考虑到企业用户在采纳 SaaS 服务时受市场潮流的影响显著,因此 SaaS 服务提供商在制定市场营销策略时,除了从上述重点的行业入手之外,还可以考虑先从特点行业中领军性或有很强的市场影响力的企业着手先行推广,重点试行,以求在那些 SaaS 服务还未普遍覆盖的行业领域内打开市场,同时影响该行业中的其他企业跟随或效仿效应,使这些企业在受到环境影响时,自然迫于竞争压力和市场潮流向 SaaS 转移。

(4)重视人才的培养。企业首先要建立开放式人才流转机制。可以通过制定和实施引进人才和相关配套措施,对人才进行分层次、多渠道、多形式地引进;企业可以和高等院校、科研院所或培训机构联合培养的模式培育高尖端人才;建立人才激励机制和人才创新创业基金,对在云服务管理研究和云计算技术研究有突出贡献的学者和员工给予表彰和奖励;本着尊重人才、尊重知识,积极鼓励企业内部人才培养和培训机制等原则,重点培养高水平复合型人才。

9.2.2　对政府的建议

针对现阶段我国 SaaS 产业协同能力的现状,政府应着力从以下三个方面促进我国 SaaS 产业的协同发展。

第一,做大做强 SaaS 核心企业。企业是 SaaS 产业化发展的主体,在 SaaS 产业服务创新和商业模式创新方面起着决定性的作用。政府应设立专项资金重点支持具有核心关键技术企业进行技术研发以及商业模式创新,扶持和培育那些具有国际竞争力的本土龙头企业,鼓励和支持有实力的 SaaS 企业扩大国际贸易市场份额,积极抢占国际市场,深度参与国际交流合作。

第二,政策性产业规划和实施。加强 SaaS 产业协同的战略层的规划设计不但可以促进社会各界统一对 SaaS 的认识,同时为推进 SaaS 产业健康有序发展提供了基础保障。一是要从国家政策层面对 SaaS 产业发展进行总体规划,同时对 SaaS 产业中存在的技术难点和产业发展规模给予指导建议。二是要明确政府职能和发展重点,有针对性地制定产业政策和发展措施,构建标准性的示范性应用。

第三,行业标准制定。标准体系的建立是产业发展的重要参考,是提升产业整体竞争力的关键。可以由政府组织国内高校、研究院所、重点企业与 SaaS 国际标准权威组织机构联合举办高端论坛和研讨会,积极开展产业标准的研讨交流,鼓励行业各方面主体共同参与,确保标准制定程序和过程透明公开。

9.3 研究展望

本研究经过实证研究已经得到了一些较为重要的结论,基于这些结论向 SaaS 产业各成员企业和政府决策者提出了一些建议。但由于研究过程中存在一些资源和时间上的不足,使研究出现了一定的局限性。当然,在未来的研究中可以针对这些局限性展开更深入的探讨和分析。

(1)在研究 SaaS 采纳时,本研究选取的组织用户对象主要集中于企业用户,并没有对其他形式的组织用户在采纳 SaaS 服务时的行为特点和影响因素进行深入的探讨和细分。在今后的研究中,可以针对公共事业组织用户、政府机构用户等其他类型的组织用户设计 SaaS 采纳影响因素的问卷,以对比其在 SaaS 采纳过程中的行为特点。这对推进企业以外的组织用户向 SaaS 采纳转移有积极的作用。

(2)在分析产业链成员协同的博弈模型时,本研究是将产业链中任意存在价值、物质和信息直接流动的两个参与方作为博弈模型的对象进行研究的。事实上,因为不同的参与者在产业链中存在的数量不同,博弈时,交易双方掌握的信息量情况也不同,因此,在未来的研究中,可以针对产业链不同环节的交易双方的具体特点和信息情况下产生的博弈行为进行更深入的分析。

(3)在对 SaaS 产业链协同能力评价体系的调研中,由于时间和资源上的限制,调研的有效样本的数量不够充足,仅有 14 个,这可能对评价结果的客观性有一定的影响。在今后的科研过程中,还可以通过收集更多的调查样本,对二级指标的评价结果进一步地修正。

附录 A 组织用户 SaaS 服务采纳 影响因素调研问卷样本

访问问卷号：201X－XX

您好，这是一份学术研究问卷，旨在讨论组织用户在 SaaS 采纳时所受到各种因素的影响情况。

有关该调查问卷的几点说明：

（1）本问卷纯属学术研究目的，内容不涉及商业机密问题，所获信息也不会用于任何商业目的。

（2）请结合您所在企业采纳 SaaS 的实际情况，按照贵企业的实际情况和您的真实想法，在相应的问题答案上打钩，或补充填写相应的说明文字。

（3）请企业决策者、战略制定者、IT 部门负责人、IT 技术专家填写问卷。

（4）考虑到问卷的时效性和时间一致性，请在 2014 年 3 月 1 日前将问卷返回。

（5）邮寄地址：北京市西城区西直门外大街西环广场 T1 座 17 层，邮编 100044，联系电话：010－59301523。邮箱：ziyi1101@hotmail.com。

非常感谢您的支持！

朱涵钰
二〇一三年十二月

第一部分:背景介绍

SaaS 是 Software as a Service(软件即服务)的简称,是一种基于互联网提供软件服务的应用模式。在 SaaS 模式下,用户可免于购买、安装、更新或维护设备的费用成本,取而代之的是借助电脑、手机或其他设备,以有线或无线方式连接到互联网,通过在线软件使用文本、表格、日历和其他应用,并根据使用时间的长短以及享受服务的内容向提供软件服务的 SaaS 供应商支付一定的租金。为帮助您识别 SaaS 服务的形式,下表中列出了国内外主要的 SaaS 厂商及其业务内容。

	软件服务运营商	主要服务内容
国外	Saleforce.com	在线客户关系管理(CRM)
	Google.com	在线企业应用套件
	WebEx	在线会议服务
	Microsoft	微软旗下产品的在线应用
国内	800APP	在线 CRM,在线开发平台
	用友伟库网	全程电子商务、在线营销和管理服务
	金蝶友商网	在线会计服务
	奥林科技	SaaS 平台技术和解决方案服务提供商
	金算盘	全程电子商务
	XTools(沃力森)	在线 CRM,在线销售管理,在线电子账本
	风云在线	SaaS 孵化器,专业的 SaaS 运营商

随着互联网技术的发展和应用软件的成熟,SaaS 目前在欧美等应用软件市场中呈现快速、日趋成熟的发展势头,但在中国还处于发展的初期阶段。该调查研究从技术创新感知、技术资源、组织特征、产业现状和市场环境五个角度来对组织用户的 SaaS 采纳行为进行分析并调查。

第二部分:基本情况调查

1.您在此次调查前,听说过 SaaS 服务吗?

A 非常了解

B 有一些了解

C 听说过但不熟悉

D 没听说过

2.贵企业使用 SaaS 服务的情况是?

A 忠实用户

B 已经在使用

C 还未使用,但已列入商业计划中

D 不准备使用

3.您认为贵企业 SaaS 服务对贵企业的商业运作是?

A 非常必要

B 必要

C 无所谓

D 不必要

4.贵企业可能会在未来几年后使用?

A 5 年以上

B 3~5 年

C 1~3 年

D 1 年内

5.贵企业正在使用,或者未来计划使用哪种类型的 SaaS 服务?(可多选)

A 电子邮件 B 销售管理 C 协调办公系统 D 视频会议系统

E 在线广告 F 在线存储管理 G 项目管理 H 客户关系管理

I 财务管理 J 企业资源管理 K 人力资源管理 L 其他_____

6.贵企业所属行业?

A 制造业 B 信息服务业 C 一般服务业 D 金融业 E 其他_____

第三部分：SaaS 采纳影响因素调查问卷正文

以下这些测试题目，请您用分制评分，其中 5 分表示非常同意，4 分表示比较同意，3 分表示同意，2 分表示不同意，1 分表示非常不同意。

1. 创新技术感知

变量		测量题目	非常同意—非常不同意				
兼容性	1	H11 SaaS 服务与企业现存的信息系统和技术基础兼容	5	4	3	2	1
	2	H12 SaaS 服务与企业现有战略和发展需求匹配	5	4	3	2	1
复杂性	3	H21 企业实现使用 SaaS 服务是困难的	5	4	3	2	1
	4	H22 企业内部部署 SaaS 的过程是复杂的	5	4	3	2	1
	5	H23 企业人员掌握 SaaS 是困难的	5	4	3	2	1
安全风险	6	H31 SaaS 服务不安全，可能导致信息泄露	5	4	3	2	1
	7	H32 SaaS 服务中断，可能导致服务数据丢失	5	4	3	2	1
成本节约	8	H41 SaaS 为企业节省了运营成本	5	4	3	2	1
	9	H42 SaaS 为企业节约了能源	5	4	3	2	1

2. 技术资源

变量		测量题目	非常同意—非常不同意				
技术准备度	10	H51 企业拥有购买 SaaS 服务充足的资金	5	4	3	2	1
	11	H52 企业拥有足够的 IT 技术人员支持 SaaS 使用	5	4	3	2	1
	12	H53 企业现有的 IT 架构满足 SaaS 所需的硬件条件	5	4	3	2	1
商业关注度	13	H61 企业对 SaaS 服务的安全性和可靠性非常关注	5	4	3	2	1
	14	H62 企业对网络带宽不足可能影响 SaaS 服务质量非常关注	5	4	3	2	1
	15	H63 企业对云存储资源不足可能影响 SaaS 服务质量非常关注	5	4	3	2	1

3.组织特征

变量		测 量 题 目	非常同意 —非常不同意				
高层支持	19	H71 高层支持企业使用 SaaS 服务	5	4	3	2	1
	20	H72 高层重视企业的信息化建设	5	4	3	2	1
变量		测 量 题 目					
企业规模	21	H81 贵企业员工数	1000 人以上	500 人以上	300 人以上	100 人以上	100 人以内
			5	4	3	2	1
	22	H82 贵企业的年销售额	1 亿以上	5000 万以上	3000 万以上	1000 万以上	1000 万以内
			5	4	3	2	1

4.产业发展

变量		测 量 题 目	非常同意 —非常不同意				
协同能力	23	H91 产业整体管理水平的提升有利于推进企业采纳 SaaS	5	4	3	2	1
	24	H92 产业各资源的合理配置有利于推进企业采纳 SaaS	5	4	3	2	1
	25	H93 产业技术的协调发展有利于提升 SaaS 服务质量,进而推进企业采纳 SaaS	5	4	3	2	1

5.市场环境

变量		测 量 题 目	非常同意 —非常不同意				
潮流压力	26	H101 同行中已有多数企业使用了 SaaS 并获得竞争优势	5	4	3	2	1
	27	H103 咨询机构和媒体建议使用 SaaS,这是行业发展趋势	5	4	3	2	1
政策支持	28	H111 政府从政策层面上鼓励 SaaS 产业的发展	5	4	3	2	1
	29	H112 现有的法律法规对 SaaS 采纳起着关键作用	5	4	3	2	1
采纳意愿	30	贵公司会考虑使用(或继续使用)SaaS 服务吗?	5	4	3	2	1

附录 B　回访记录——大型企业用户 SaaS 服务采纳面临的挑战

1　访谈背景

　　SaaS 的概念已被定义为一个新型的提供软件服务的方式,它能够实现软件更换的快速实施[240],从而免除企业在实现其 IT 功能中耗费在安装、控制及维护的成本投入[241]。在 SaaS 模式中,SaaS 供应商负责软件的开发和管理,用户只需要通过网络,即可达到访问和使用应用软件的目的。用户不需要自己购买、构建及维护基础设施和应用程序,而仅仅只需要根据使用软件的长短来支付相应的费用,这为企业用户大大省去了软件维护和支持的成本,也降低了购买和维护硬件所需的费用[242]。

　　对于那些缺少大型 IT 部门或者是没有足够的预算聘请 IT 技术专家的中小企业来说,SaaS 的出现恰好满足了企业降低成本的需求,因而受到了中小企业的广泛青睐。事实上,SaaS 在国外的发展也呈现出了向大型企业延伸的趋势,戴尔、Cisco、花旗银行等大型企业都是 SaaS 服务的用户。尽管还有为数不少的大型企业出于对服务持续性、数据安全性、服务可扩展性等方面的考虑,在 SaaS 采纳的决策上表现出某种犹豫不决的情形,但从已经使用 SaaS 服务的大型企业来看,SaaS 在运营模式、价格优势和服务方式等方面已经显示出自身的突出优势。SaaS 服务模式可以为各种集团企业和团体机构提供优质的信息化解决方案,帮助企业以低廉的成本获取适合自身需要的信息化管理平台,并为企业信息化提供一站式综合服务,它将日益成为链接优秀的 SaaS 软件开发商和各类企业庞大用户群的桥梁。

由于信息产业发展变化日新月异的特点,目前关于大型企业SaaS 采纳的研究还远远没有跟上商业运行的速度,其整体研究尚处于关注性阶段。本研究将试图把 SaaS 作为一种特殊类型的信息技术外包服务模式,并借用 Lee[243, 244] 的分析框架,从战略、经济和社会的多角度和多领域(组织、绩效、决策、合同、关系)对大型企业在 SaaS 采纳过程中面临的问题和挑战进行实证研究,在进行综合分析的基础上,引导企业决策者对目前 SaaS 服务采纳中出现的主要问题有一个清晰全面的认识,使其能够根据自身企业情况,有针对性地进行企业内部的改变和出台相关管理机制,对这些挑战进行有效规避和管理,最大限度地发挥 SaaS 服务的优势。

2 访谈设计

为了使本访谈具有切实可靠和丰富全面的资料,以中国国家经贸委等部门《关于印发中小企业标准暂行规定的通知》划分的标准,选取中国境内经营超过 5 年以上,从业人数在 2000 人以上,产品销售收入额在 3 亿元以上,资产总额在 4 亿元以上的企业(包括国有及国有控股企业、民营企业、集体企业和外资企业)作为研究范本。

本访谈选取十五位访谈对象,均在大型企业分别担任中国区IT 部门总监、外包专家、外包和 SaaS 决策者、IT 专家等职务。这些受访者所在的企业包括西门子(中国)有限公司、微软(中国)有限公司、澳大利亚 GHD 咨询集团、黄河勘测规划设计研究有限公司、中信集团、国药控股股份有限公司等。

访谈采取开放式面见问答的形式,每个受访者的谈话时间约为 1 个小时到 2 个半小时之间。设计的采访问题尽可能的涵盖范围广，以确保收集回的信息的全面性。

3　核心问题分析

访谈的核心问题包括：(1)SaaS 服务对大型企业的运营管理、资源配置、组织架构的影响有哪些？(2)SaaS 服务的绩效评估指标有哪些？其中哪些对大型企业来说是至关重要的？(3)大型企业采纳 SaaS 服务更倾向于应用在公共云平台还是私有云平台？(4)一份完善的 SaaS 服务合同都应该考虑哪些因素？(5)SaaS 采纳过程中，都应注意哪些关系的管理？

本访谈的研究结果将为支持大型企业用户选择和采纳恰当的 SaaS 模式提供理论支持。以下将从组织决策和管理、绩效评估和监控、公共云或私有云选择、合同期限和风险、关系管理五个方面对大型企业用户 SaaS 采纳中面临的挑战进行研究探讨。

3.1　关于组织决策和管理

本访谈设计的核心问题首先是 SaaS 服务对大型企业运营管理、资源配置、组织架构的影响问题。这个问题是基于 SaaS 的采纳与否对于企业来说是一个涉及长期发展和具有战略意义的重要抉择而设计的。

关于对运营管理能力的影响方面，大多数受访者表示，企业需要开发新的企业能力类型来掌控 SaaS 服务，对知识能力的需求将会占据整个 SaaS 的生命周期。一位受访者明确说明，"在资源配置和管理能力方面，需要一个从技术问题到知识能力的转变。仅以企业以往的经营积累出的经验进行新型能力的开发并不是一个好的选择，甚至可能会导致失败"。

关于对资源配置的影响方面，多数受访者表示，企业应该在

SaaS 模式大范围应用实施之前,调研查明企业有哪些需求,确保相应的投资及预算到位,配备相应的人力资源,以及制定相关的工作流程和管理制度。有了这些准备工作,首先可以在企业内部进行小规模的实验性操作,进而对这一采纳的复杂性和所需的专业知识有一个清晰的认识。受访者们非常不愿意在没有任何保证的前提下对 SaaS 进行大规模采纳及实施。最首要的原因是,采纳 SaaS 的企业并不是软件系统的实际拥有者,而仅仅可以访问存储在主机公司服务器上的数据的一个独立工作副本。用户可以通过访问系统来操纵和更改数据,但也仅仅是 SaaS 提供商提供的非常有限的一些操作参数。因此,受访者指出企业从传统软件使用模式向 SaaS 模式转移需要非常谨慎,尤其是在数据备份方面,应有足够的应对策略。

关于对组织架构的影响方面,有受访者认为,那些重要的应用程序和信息可以交由 SaaS 供应商进行维护,但必须保证在本地存储,在企业内部的 IT 系统上运行。如此一来,如果企业在使用 SaaS 供应商提供的核心应用的过程中,对其中部分功能不甚满意,这部分应用程序可以立即由企业内部员工来接管。这就意味着,用户可能需要支付高于其最初预算的购买成本。企业用户在最初评估 SaaS 系统成本花费时,理应考虑这部分成本的可能性和合理性,并纳入预算内。

在采访中,没有就企业构建和采纳 SaaS 的最佳模式达成共识,这或许正是企业所需要面临的取舍难题。

从访谈结果来看,可以肯定的是,大型企业在采纳 SaaS 服务后,企业的组织架构会随之变化,以适应这种新型服务交付模式的使用和管理,并需要为此安排 SaaS 模式所需要的预算、商业计划、人员配备。与中小企业相比,这种适应性变化和创新性变革是尤其复杂和困难的。对此,受访者及其所代表的企业也是高度认同的。已有研究成果表明企业在采纳信息技术和外包时,组织架构的变革,运营管理模式的转变和核心能力的提升是必不可少的,也是可能的[245]。这是因为从战略层面来看,采纳 SaaS 服务将促使企业从 IT 系统和信息系统处理方式的设计、运转和管理工作中解脱出来。从运营层面来看，采纳 SaaS 服务可以帮助企业处理更频繁的软件升级，以满足更多的不同的终端用户的需求，同时减轻 IT 部门在企业运营过程中某些环节操作的工作量。

3.2 关于绩效评估和监控

SaaS 服务的绩效评估指标可以有多种选择，本研究的问题提出是从服务的质量和效率、持续性、安全性和扩展性等角度进行考量。

受访者认为，对大型企业用户来说，优秀的 SaaS 提供商不仅要对服务的质量与效率高度负责，而且必须保持优质高效的服务的连续性并且能够不断提升。

受访者表示，让 IT 部门人员参与到选择和实施 SaaS 解决方案中是非常必要的，因为他们具有选择框架方案方面的专业知识，例如，单一或多重租赁的设计、安全性、可扩展性、入侵检测的问题。然而，部分 IT 功能外包也会为企业带来风险。因此，必须确保参与 SaaS 解决方案的相关企业单位人员有足够的 IT 知识。企业决策者必须清楚地理解和衡量采纳 SaaS 解决方案中的 IT 架构和功能对整个企业业务流程产生的影响。

基于受访者所表达的企业发展需求和对 SaaS 采纳的以上建议，可以考虑企业用户通过制定管理机制来监控 SaaS 服务的质量和效率、持续性、数据安全性和功能扩展性等的运行情况，或者配置专业技术人员与 SaaS 供应商沟通，明确企业对 SaaS 服务的安全性和可扩展性的需求，或者制定出一些应急预案，来面对突发事件或者因供应商的原因而产生故障的情况。

3.3 关于公共云或私有云选择

在访谈中，所设计的问题是基于把 SaaS 定义为一种委托给第三方的外包决策提出的。这种外包既可以基于公共云平台,也可以基于私有云平台。究竟选择私有云还是公共云平台下的 SaaS 模式,让受访者自己确定。

受访者表示,选择私有云还是公共云平台,是与 SaaS 服务接入的数据库的隐私级别(如涉密项目的项目管理服务)或者和用户访问权限相关的(如人力资源管理相关的服务)。大型企业用户更倾向于将 SaaS 服务相关的非关键和低敏感信息放入公共云平台,同时自行控制那些核心业务服务和数据,相应的放入私有云平台。

部分受访者还倾向于从其组织内部实现 SaaS 采购。这样不但可以实现对其内部隐私敏感数据的密切控制,避免潜在安全问题,确保数据授权、识别和加密,避免由于外包而产生的数据安全和法律监管等风险。受访者建议把 SaaS 供应商的管理纳入企业的组织架构中。不同的组织架构模式将对企业的战略发展、业务发展优先级、资源分配和整合产生直接的影响。

通过访谈可以看出,公有云和私有云平台并用的模式是被大型企业普遍接受的。将拟放入私有云平台的资源和服务保留在企业内部,即相当于一个共享服务中心[246],最主要的不同点就是,SaaS 关注于软件服务,不涉及人员参与与执行过程,而共享服务中心模式里涉及人员参与与执行过程。换句话说,SaaS 的关注点在于提供 IT 服务,而共享服务中心不仅能够提供 IT 服务,同时参与执行了整个业务流程。

3.4 关于合同期限和风险

受访者在回答有关合同条款内容所涉及的期限、数据保护和交换、双方权益与责任时,思路基本上是一致的。

受访者一致认为,一份优质的合同是必不可少的。它通过对双方义务和责任的定义,帮助用户获得收益,避免风险。制定合同内容更具复杂性,一方面,合同应具备灵活性,以适应 SaaS 这种基于按使用量付费的模式特点,做出及时调整。另一方面,它还应满足服务的长期可持续性、软件访问安全和信息存储的需求。SaaS 供应商很有可能要求将某种特定的支付模式以及提供长期服务的条款纳入合同范围。这样一来,短期和长期的利益点混合可能会存在一定的冲突。

有关数据隐私问题,是此次采访中各企业用户共同关注的问题。受访者提到,SaaS 供应商通常会将数据存储在云端,和其他用户共享同一个存储系统。此外,存储的位置是一个问题,他们希望数据存储的云端在中国境内,以确保数据不跨越国界,保证相应的版权许可的有效性和国内法规的有效性。一般来说,合同条款还需要涉及数据保护和法规遵从性、知识产权、由服务供应商引起的业务中断、违约责任和退出合同的方案等内容。

大部分受访者表示,在合同中明确定义并允许信息交换是非常必要的。对于那些已经采纳 SaaS 服务的企业来说,应当把信息交换能力作为追加 SaaS 投资时的一个必要部分去考虑。

此外,受访者还建议签订协议,明确数据的所有权、副本数据的所有权、本地数据的存储方案;同时还应考虑在一些特殊情况发生时,用户的权益以及用户与第三方业务的连续性将如何保证,诸如 SaaS 供应破产或被其他公司接管,可能导致原有合同条款或业务发展方向改变等。

从访谈中得出,受访者往往是从所在企业的利益为出发点来看待问题的。其中提出了不少公平、合理的思路和建议,例如,应该规范合同中对服务内容的描述,明确定义支付方式及服务期限,准确界定数据存储、安全性、交换性的相关内容,保证合同的双方责任和义务的均衡,以规避突发情况或者管理不善为双方带来的经济损失和运营风险。当然,在访谈中也存在一些不切实际的诉求,从合同的双方责任和义务的均衡性来看,也很难被服务供应商所认可和采纳。

3.5 关于关系管理

SaaS 的采纳过程离不开对众多关系的管理。对关系管理的访谈设计主要是针对 SaaS 供应商和企业用户之间的关系管理。

对此,受访者不约而同地谈到,企业负责人不能像管理内部部门一样,随时干涉并要求供应商汇报并改进其工作内容。这也是服务模式转变过程中产生的变化。不仅如此,受访者还感知到,他们无法获得与其内部 IT 部门相同水平的服务和支持。SaaS 模式通过频繁的升级为软件服务带来新的功能,这就需要配套专业的技术培训,以保证用户能够熟练掌握软件的使用。然而,并不是所有的 SaaS 提供商都可以满足用户的需求,尤其是在 SaaS 采纳的初始应用阶段。因此,企业用户不但需要对这些配套服务内容进行仔细的评估、计划和做出预算,更重要的还需要对软件发展方向,确保软件更新并满足市场变化的需求。

一些受访者强调,SaaS 交付中更为重要的是严格遵守数据保护法和涉及数据处理的各项规定。使用 SaaS 就意味着开始对 SaaS 供应商产生依赖,同时减弱企业自身的 IT 功能。一旦企业自身的 IT 功能被撤销,再重建一个新的内部 IT 服务部门将会很困难。这会把企业推入一个进退两难的"锁死"情境。企业需要对这一风险预知并做出应对的行动计划。

还有受访者表示,SaaS 的到来是将原本应由用户承担的责任和工作任务转化给了 SaaS 供应商,这种转化需要新的管理机制,并重点关注企业用户与 SaaS 供应商之间的关系管理。这种关系与受访者对服务水平的满意度相关,并且决定了 SaaS 是否能为企业带来低成本效益。缺乏协调和恰当的组织机构或治理机制都可能会削弱 SaaS 模式为企业带来的正面效益。

从以上访谈内容中可以发现,大型企业用户与 SaaS 供应商的供求关系涉及许多方面。企业用户对 SaaS 供应商的需求既有一定的稳定性,又有一定的多样性和不确定性。企业用户的需求同 SaaS 服务供应商所能提供的技术服务供应商之间的平衡是一个博弈的过程。一方面,SaaS 服务供应商会根据不同的企业用户的需求从技术服务方面进行不断地改进。另一方面,企业用户也会在一定时期内,维持供应商所能提供的现有服务水平,以减少因信息技术变更带来的投入成本和管理成本。

4　访谈结论

本访谈借用信息技术外包服务的分析框架,从组织决策和管理、绩效评估和监控、公共云或私有云选择、合同期限和风险、关系管理五个方面对大型企业在 SaaS 采纳过程中面临的问题和挑战分别进行了讨论,通过面见访谈的形式总结归纳出大型企业在 SaaS 服务采纳中面临的挑战,并给出相应的对策建议。挑战和访谈的问题讨论及对策建议等内容如表 1 所示。

对于大型企业决策者来说,必须对采纳过程中可能出现的问题有一个清晰全面的认识,在运营管理、组织架构、资源配置等方面做出改变,并制定相关管理机制,有效应对和规避这些挑战,最大限度地发挥 SaaS 服务的优势。同时,对于 SaaS 服务供应商来说,全面了解大型企业用户的需求和他们可能面临的困难挑战也是必要的。基于这些了解,SaaS 服务供应商可以通过提升自身的服务管理、签订双方互利共赢的合同、加强与用户的有效沟通等途径,更有针对性地为大型企业客户提供优质高效的服务,从而增强大型企业对 SaaS 服务采纳的动力。

表 1　大型企业用户 SaaS 服务采纳中面临的挑战问题汇总与对策建议

	大型企业用户 SaaS 服务采纳中面临的挑战	问题讨论及对策建议
组织决策和管理	供应商管理 IT 管理变化 责任架构 新的 IT 能力 应用战略 服务整合	企业在采纳信息技术和外包时,组织架构的变革,运营管理模式的转变和核心能力的提升是必不可少的,也是可能的。采纳 SaaS 服务不仅会促使大型企业从 IT 系统和信息系统处理方式的设计、运转和管理工作中解脱出来,而且还能帮助企业处理更频繁的软件升级,以满足更多的不同的终端用户的需求,同时减轻 IT 部门在企业运营过程中某些环节操作的工作量
绩效评估和监控	服务速度和质量 能力管理 商业持续性 访问管理和安全 制度要求 质量保证	大型企业用户应通过制定管理机制来监控 SaaS 服务的质量和效率、持续性、数据安全性和功能的扩展性等的运行情况,或者配置专业技术人员与 SaaS 供应商沟通,明确企业对 SaaS 服务的安全性和可扩展性的需求,或者制定出一些应急预案,来面对突发事件或者因供应商的原因而产生故障的情况
公共云或私有云选择	公共和私有供应商 公共和私有 SaaS 单一或多选择 架构选择 数据占有 供应商责任	公共云和私有云平台并用的模式是被大型企业普遍接受的。将拟放入私有云平台的资源和服务保留在企业内部,即相当于一个共享服务中心。最主要的不同点就是,SaaS 关注于软件服务,不涉及人员参与与执行过程,而共享服务中心模式里涉及人员参与与执行过程。换句话说,SaaS 的关注点在于提供 IT 服务,而共享服务中心不仅能够提供 IT 服务,同时参与执行了整个业务流程

续表

大型企业用户 SaaS 服务 采纳中面临的挑战		问题讨论及对策建议
合同期限和风险	严格服务描述 良好合同管理 成本和支付结构 数据私密和保护 存储位置 数据交换合同	合同的签订应本着公平、合理的思路来制定，例如，应该在规范合同中对服务内容进行叙述，明确定义支付方式及服务期限，准确界定数据存储、安全性、交换性的相关内容，保证合同的双方责任和义务的均衡，以规避突发情况或者管理不善为双方带来的经济损失和运营风险。访谈中个别企业方提出的诉求从合同的双方责任和义务的均衡性来看，仍有商洽的必要
关系管理	新的管理结构 文化和习惯的变化 "锁死"情景 用户培训和热线支持 战略沟通 管理多供货商	企业用户与 SaaS 供应商的供求关系涉及许多方面。企业用户对 SaaS 供应商的需求既有一定的稳定性，又有一定的多样性和不确定性。企业用户的需求同 SaaS 服务供应商所能提供的技术服务两者之间的平衡是一个博弈的过程。一方面，SaaS 服务供应商会根据不同的企业用户的需求从技术服务方面进行不断地改进。另一方面，企业用户也会在一定时期内，维持供应商所能提供的现有服务水平，以减少因信息技术变更带来的投入成本和管理成本

附录 C SaaS 产业协同能力评价体系调研问卷样本

访问问卷号:201X-XX

您好,这是一份学术研究问卷,旨在评价当前市场条件下 SaaS 产业的协同发展能力。

有关该调查问卷的几点说明:

(1)本问卷纯属学术研究目的,内容不涉及商业机密问题,所获信息也不会用于任何商业目的。

(2)请结合您对 SaaS 产业的了解和目前市场条件下您所获悉的产业协同能力水平,在相应的问题答案上打钩,或补充填写相应的说明文字。

(3)考虑到问卷的时效性和时间一致性,请在 2014 年 3 月 1 日前将问卷返回。

(4)邮寄地址:北京市西城区西直门外大街西环广场 T1 座 17 层,邮编 100044,联系电话:010-59301523。邮箱:ziyi1101@hotmail.com。

非常感谢您的支持!

朱涵钰

二〇一四年一月

第一部分:背景介绍

SaaS 产业链的协同化发展是推动我国 SaaS 产业发展的国际化进程的重要因素。建立 SaaS 产业链协同能力的综合评价体系,目的是系统地分析和归纳影响 SaaS 产业链协同发展的因素,对目前 SaaS 产业链发展的实际水平有一个更客观和系统的认识,从而为产业发展和 SaaS 产业链成员企业提出合理可行的政策建议和改进措施,以求提高 SaaS 产业的整体效益。

该调查问卷将从管理协同、技术协同、资源协同这三个方面对 SaaS 产业链协同能力水平进行评估。管理协同主要是为了衡量产业链中的各成员企业是否是从产业的共同价值目标出发制定战略目标和规划。在产业链运作过程中,成员企业是否有为增强整个产业链的竞争力而激发的全局意识和自发性配合意识;技术协同主要为了衡量产业链中各节点企业之间技术交流与合作的深度和广度。产业链各成员企业通过技术协同,能够有效平衡 SaaS 产业中技术掌握方的收益,促进技术溢出,保证产业的技术稳定发展;SaaS 产业链的资源协同主要指产业链的各节点企业通过信息的有效传递和对用户需求和市场环境变化的准确把握,实现与其他企业成员之间的网络资源、存储资源、销售网络和人力资源的共享,保障产业链中资源传递的准确性和实效性。

本调查将管理协同、技术协同、资源协同这三个方面定义为评价 SaaS 产业链协同能力的一级指标。每一个一级指标的下面,各细分有四个二级指标,例如,管理协同的二级指标包括管理水平、合作能力、战略制定和信任度;技术协同的二级指标包括知识管理、技术合作、创新能力和产品开发计划;资源协同的二级指标包括网络共享、存储资源、销售网络共享、人力资源协同。

第二部分:SaaS 产业协同能力评价问卷调查正文

该问卷对每个二级指标都给出了优、良、中、差、劣五个等级的评定结果。请您根据对 SaaS 产业的了解和对当前 SaaS 产业链协同能力的现状为相应的二级指标水平选择评价结果,并在相应的评价值一栏中画钩。

1. SaaS 产业管理协同能力评价

二级指标	符号	评价值	评价标准
管理水平	C_1	优	产业链中存在主导产业发展和资源整合的核心成员或者其他组织机构,能够协调其他成员企业,同时对产业环境起到监督和管理作用,提升产业链的整体管理水平
		良	产业链中出现了能够主导产业发展和资源整合的角色成员,能够在一定的范围内对 SaaS 产业进行协调、监督和管理,为节约成本和提高管理能力起到一定的积极作用
		中	在有限的地域或者产业范围内,产业链内存在主导性成员,对产业的部分资源以及区域内的协调、监督和管理起到了推动作用
		差	产业链内尚未出现具有主导能力的成员,产业链内各成员对产业的部分资源区域内的协调、监督和管理的重要性存在一定的意识
		劣	产业链中各成员仅关注自身或所在区域的资源可用度,SaaS 产业内不存在各方协调、监督和管理的相关机制和主导角色
合作能力	C_2	优	产业链各成员能够很好地实现协调沟通、组织合作、高效工作,合作意愿积极且强烈,有效促进了产业链优化整合,有效提高了产业效益和发展速度
		良	产业链各成员在协调沟通、组织合作、工作效率、合作能力水平参差不齐,有一定的合作意愿对产业链进行优化整合,提高产业效益和发展速度
		中	产业链各成员已基本建立了协调沟通、组织合作、有效工作的意识,但并无实质上的商业合作,对产业发展的推动出现明显变化
		差	产业链内成员还局限在仅和其利益相关方进行合作的阶段,尚未考虑与竞争者求同存异,取长补短、合作发展
		劣	产业链各成员各自为政,竞争排他意识占主导,合作能力低下

续表

二级指标	符号	评价值	评价标准
战略制定	C₃	优	产业链内各参与方能够准确把握自身的资源、能力状况和所处的外部环境,发现协同机会,具有全局性和长期性,能够实现产业链整体协同发展
		良	产业链内各参与方能够较好地实现资源和能力整合,较准确地把握产业链各参与方的优势、劣势,能够充分利用环境变化带来的协同机会,具有较好的产业链整体意识
		中	产业链内各参与方在为协同发展制定出一些相关措施和方法来试图实现资源和能力整合,注意到了环境变化带来的协同机会,有一定的产业链整体意识
		差	产业链内各参与方几乎没有为协同发展而制定相关措施和方法来实现资源和能力整合,几乎不能充分利用环境变化带来的协同机会,没有较强的产业链整体意识
		劣	产业链内各参与方各自进行战略制定,不能适应外部环境变化,没有整体协同意识
信任度	C₄	优	产业内已建立完善的技术标准、运营标准和行业准入标准以及有关知识产权保护、数据集因素保护、安全管理、垄断等法律法规,各成员之间信任度高
		良	产业内已建立了一些技术标准、运营标准和行业准入标准以及有关知识产权保护、数据集因素保护、安全管理、垄断等法律法规,各成员之间信任度较高
		中	产业内已有部分技术标准、运营标准和行业准入标准,各成员之间通过合作,有了一定的信任度
		差	产业内的技术标准、运营标准和行业准入标准还很缺乏,各成员建立信任度很困难
		劣	产业内不存在技术标准、运营标准和行业准入,各成员不信任

213

2. SaaS 产业技术协同评价

二级指标	符号	评价值	评价标准
知识管理	C_5	优	产业内企业、高校、科研机构的知识资源有效整合和共享,企业知识合作参与度高,知识利用率高,知识交流、转移和创新频繁
		良	产业内企业、高校、科研机构正在积极地对知识资源进行整合和共享,企业知识合作参与比较积极,知识利用率提升,知识交流、转移和创新取得了一定的效果
		中	产业内企业、高校、科研机构的知识资源有一定的共享和交流,企业知识合作参与度一般,知识利用率一般
		差	产业内企业、高校、科研机构的知识资源的共享和交流不足,企业知识合作意识薄弱,知识利用率较低
		劣	产业内企业、高校、科研机构的知识资源分散,利用率低下
技术合作能力	C_6	优	产业内各主体技术开发协作能力高,技术溢出效应明显,新应用服务开发的效率高,技术流动性明显
		良	产业内各主体有一定的技术开发和创新合作能力,技术溢出效应较明显,新应用服务开发的效率较高
		中	产业内各主体有一定的技术开发协作和创新合作能力,出现技术溢出效应,技术流动性一般
		差	产业内各主体缺乏足够的技术开发协作和创新合作,技术溢出现象罕见,技术流动性弱
		劣	产业内各主体不存在技术开发协作,无技术溢出效应,技术保密度高
创新能力	C_7	优	产业内部成员积极制定技术创新工作计划,参与到技术合作的研发工作中,积极配合其他成员共同解决有关技术的先进性、创新速度、成熟度以及技术障碍等问题
		良	产业内部成员制定了有关技术创新和研发的工作计划,能够较好的配合其他成员共同解决有关技术的先进性、创新速度、成熟度以及技术障碍等问题
		中	产业内部成员对技术合作的研发工作的重视度不足,在配合其他成员共同解决有关技术创新方面,表现得不够积极
		差	产业内部成员对技术合作的研发工作开展缓慢,各成员在技术创新开发和合作方面配合度较低
		劣	产业内不存在有关技术合作的研发工作和技术创新计划

续表

二级指标	符号	评价值	评价标准
新应用开发计划	C_8	优	产业内部各成员对新应用软件开发的速度、种类、成本有着一致的计划和目标,相互配合度高。新应用软件开发凸显出的高时效性,切实满足市场需求
		良	产业内部各成员对新应用软件开发的速度、种类、成本有着基本一致的计划和目标,相互配合度较高
		中	产业内部各成员对新应用软件开发的速度、种类、成本的计划和目标有分歧,相互配合效果一般
		差	产业内部各成员几乎没有为新应用软件开发的速度、种类、成本共同制定计划和目标,没有较强的协同开发意识
		劣	产业内部各成员独自进行新应用软件开发计划的制定,无视其他成员的存在和外部环境的变化

3. SaaS产业资源协同评价

二级指标	符号	评价值	评价标准
网络共享	C_9	优	信息与数据可以顺利地通过网络进行传输,公用网和专用网实现有效融合,整个产业链传输环节的网络资源利用率高
		良	网络资源融合度良好,信息与数据传输不受网络资源的限制,传输环节的网络资源利用率较高
		中	信息与数据能够通过网络进行传输,公用网和专用网部分融合,存在网络资源限制和控制浪费的现象
		差	信息与数据的网络传输不通畅,存在网络资源限制和控制浪费的现象。整个产业链传输环节的网络资源利用率较低
		劣	信息与数据不能通过网络传输,网络资源出现空置浪费的现象,整个产业链传输环节的网络资源利用率低

二级指标	符号	评价值	评价标准
存储资源共享	C_{10}	优	产业内已按照规模化、集约化、安全化的标准统筹规划建立 SaaS 产业集聚区和大规模数据中心,具有开放性,通用性的存储资源,存储设施资源协调配置很合理
		良	产业内正在推动规划建立 SaaS 产业集聚区和大规模数据中心,存储资源有较好的开放性和通用性,存储设施资源协调配置比较合理
		中	产业内已正在优化 SaaS 产业集聚区和大规模数据中心的规模和安全性,存储设施资源协调利用效率较低
		差	产业内对硬件设施资源统筹使用的效果不明显,各主体自主存储,协调利用效率低
		劣	产业内不存在对存储设施资源的统一调配
销售网络共享	C_{11}	优	产业内各成员之间通过签订合作协议或联盟的方式,有效实现了共享销售渠道和客户信息,从而实现客户和营销网络的开发和扩大
		良	产业内各成员之间有较强烈的共享销售渠道和客户信息的意识,大部分的成员开始试图通过各种合作方式进行客户信息共享,扩大了商业营销网络
		中	产业内仅核心成员之间通过签订合作协议或联盟的方式,实现了共享销售渠道和客户信息,从而实现核心成员的客户信息共享,扩大了核心成员的商业营销网络
		差	产业内个别成员之间存在共享销售渠道和客户信息的现象,改善了个别成员的商业营销网络,但此现象不具备普遍性
		劣	产业内各主体独立寻求销售渠道和客户开发

续表

二级指标	符号	评价值	评价标准
人力资源协同	C_{12}	优	产业内各主体人才培养模式合理、人员配备充足,人才交流充分,人员合作研发水平高
		良	产业内各主体人才培养模式比较合理、人员配备比较充足,人才实现有效交流,人员合作研发水平较高
		中	产业内各主体人才培养模式有待改善,人员配备程度一般,有一定的人力资源流动,人员合作研发水平一般
		差	产业内各主体人才培养模式不合理,人员配备程度参差不齐,缺乏人才交流和合作研发
		劣	产业内各主体人员配备不合理,交流不明显

参考文献

［1］James A，Chung J. Business and Industry Specific Cloud：Challenges and opportunities［J］. Future Generation Computer Systems. 2015，48：39－45.

［2］North D C. Economic Performance through Time［J］. American Economic Review. 1994.

［3］Mayntz R. Book Reviews：W. Richard Scott：Institutions and Organizations 1995，Thousand Oaks，London，New Delhi：Sage. 178 pages［J］. Organization Studies. 1996(3)：539－541.

［4］Light D W. Institutional change and healthcare organizations：from professional dominance to managed care［J］. International Journal of Integrated Care. 2002(1).

［5］Dimitrakopoulos D G. Institutional Change and Globalization By John L. Campbell Princeton University Press，2004. 264 pages. MYM55（cloth），MYM17. 95（paper）［J］. Social Forces. 2005(1)：608－609.

［6］Clemens E S，Cook J M. Politics and institu tionalism：Explaining Durability and Change［J］. Annual Review of Sociology. 1999.

［7］Hirsch P M. Sociology without Social Structure：Neoinstituional Theory Meets Brave New World［J］. American Journal of Sociology. 1997(6)：1702－1723.

［8］人民网. 国务院发布促进云计算创新发展培育信息产业新业态意见［Z］. 2015：2015.

[9] 人民网. 十大云计算大数据项目集体落户重庆 总投资 16亿元[Z]. 2014：2015.

[10] 百度百科. 张北云计算产业园[Z]. 2016：2016.

[11] 冯登国, 张敏, 张妍, 等. 云计算安全研究[J]. 软件学报. 2011, 22(1)：71-83.

[12] 王鹏. 云计算环境下数据保护法律问题研究[D]. 华中科技大学. 2012.

[13] Kshetri N. Cloud Computing in India[J]. It Professional. 2012, 14(5)：5-8.

[14] Xia J. Reprint of：Competition and regulation in China's 3G/4G mobile communications industry—Institutions, governance, and telecom SOEs [J]. Telecommunications Policy. 2012, 36(7)：798-816.

[15] Pfeffer J. Power in Organizations [D]. 1981.

[16] Maloni M, Benton W C. Power influences in the supply chain[J]. Journal of Business Logistics. 2000, 21(1)：49-74.

[17] Gilsing V A, Duijsters G M, Oord A. Network Embeddedness and the Exploration of Novel Technologies：Technological Distance, Betweenness Centrality and Density[C]. 2006.

[18] 严格. 云计算在区域医疗信息化中的应用研究[D]. 北京交通大学. 2011.

[19] Yu J, Xiao X, Zhang Y. From concept to implementation：The development of the emerging cloud computing industry in China[J]. Telecommunications Policy. 2016, 40(2)：130-146.

[20] Huang B, Li C, Yin C, et al. Cloud manufacturing service platform for small-and medium-sized enterprises[J]. The International Journal of Advanced Manufacturing Technology. 2013, 65(9-12)：1261-1272.

[21] 赵莹. 从人际窄播到大众传播——浅析智能化时代手机媒体传播新景观[J]. 新闻知识. 2014(7)：59-60.

［22］工信部. 2015 年我国移动电话用户 13.06 亿［J］. 广播电视信息. 2016(02)：11.

［23］韩宝国,朱平芳. 宽带对中国经济增长影响的实证分析［J］. 统计研究. 2014,10：11.

［24］信海光. 网速制约互联网创新［J］. 创新时代. 2012(10)：40.

［25］方东. SAAS 与中国中小企业信息化［J］. 科技信息(科学教研). 2007,14：28－29.

［26］胡斌,吴满琳. 中小企业 SaaS 模式下的风险及对策研究［J］. 现代商业. 2009(35)：215－216.

［27］Katzan Jr H，Dowling W A. Software-As-A-Service Economics［J］. Review of Business Information Systems (RBIS). 2010,14(1).

［28］朱涵钰,吴联仁,吕廷杰. SaaS 模式的理论及其应用［J］. 华北水利水电大学学报（社会科学版）. 2014,30(3).

［29］王伟. SaaS 风险及影响因素研究［J］. 情报科学. 2011,29(9)：1396－1400.

［30］Wu W，Lan L W，Lee Y. Exploring decisive factors affecting an organization's SaaS adoption：A case study［J］. International Journal of Information Management. 2011,31(6)：556－563.

［31］Goscinski A，Brock M. Toward dynamic and attribute based publication，discovery and selection for cloud computing［J］. Future generation computer systems. 2010,26(7)：947－970.

［32］Liu F，Guo W，Zhao Z Q，et al. SaaS integration for software cloud［C］. IEEE. 2010.

［33］Catteddu D. Cloud Computing：benefits，risks and recommendations for information security［M］. Springer. 2010.

［34］Sultan N. Cloud computing for education：A new dawn? ［J］. International Journal of Information Management.

2010，30(2)：109－116.

[35] Hall K. Gartner：SaaS sales will grow 16.2% to MYM10.7 bn in 2011[J]. Computer Weekly. 2011.

[36] Kaplan J. Gartner SaaS Satisfaction Survey Misleading [Z]. 2013.

[37] 李璐. SaaS 应用全球持续升温中小企业成主力军[J]. 通信世界. 2014(4)：44－45.

[38] 莫展宏. 国内外 SaaS 模式的发展现状分析[J]. 商场现代化. 2012(7)：13.

[39] 曹薇,张乃洲. 企业 SaaS 应用分析[J]. 计算机时代. 2010(2)：63－64.

[40] 殷秀功. 基于 SAAS 模式的企业声誉评价体系研究 [D]. 电子科技大学. 2010.

[41] 闫晶晶. 基于 SAAS 模式的信息服务系统信任研究 [D]. 北京邮电大学. 2014.

[42] 沈中奇. 软件即服务模式在电子政务中的应用[J]. 科技与生活. 2011(16)：158.

[43] Webster J, Watson R T. Analyzing the past to prepare for the future：Writing a literature review[J]. Management Information Systems Quarterly. 2002，26(2)：3.

[44] Schlereth C, El Kihal S. Profit Maximising Contract Plans For Cloud Computing Services[J]. 2013.

[45] Ge C, Huang K. Productivity differences and catch-up effects among software as a service firms：A stochastic frontier approach[J]. 2011.

[46] Zainuddin E. Secretly SaaS-ing：Stealth Adoption of Software-as-a-Service from the Embeddedness Perspective[J]. 2012.

[47] Winkler T J, Benlian A. The dual role of IS specificity in governing software as a service[J]. 2012.

[48] Chang R, Wang T, Wang C, et al. Effective distribu-

ted service architecture for ubiquitous video surveillance[J]. Information Systems Frontiers. 2012，14(3)：499－515.

[49] Zo H，Nazareth D L，Jain H K. End-to-end reliability of service oriented applications[J]. Information Systems Frontiers. 2012，14(5)：971－986.

[50] Martens B，Teuteberg F. Decision-making in cloud computing environments：A cost and risk based approach[J]. Information Systems Frontiers. 2012，14(4)：871－893.

[51] Govindarajan A. Overview of cloud standards[M]. Cloud Computing，Springer. 2010：77－89.

[52] Limam N，Boutaba R. Assessing software service quality and trustworthiness at selection time[J]. Software Engineering，IEEE Transactions on. 2010，36(4)：559－574.

[53] Dubey A，Wagle D. Delivering software as a service [J]. The McKinsey Quarterly. 2007，6(2007)：2007.

[54] Keller A，Ludwig H. The WSLA framework：Specifying and monitoring service level agreements for web services [J]. Journal of Network and Systems Management. 2003，11 (1)：57－81.

[55] Sambamurthy V，Bharadwaj A，Grover V. Shaping agility through digital options：Reconceptualizing the role of information technology in contemporary firms[J]. MIS quarterly. 2003：237－263.

[56] Lansing J，Schneider S，Sunyaev A. Cloud Service Certifications：Measuring Consumers' Preferences for Assurances[J]. 2013.

[57] Du J，Lu J，Wu D，et al. User acceptance of software as a service：Evidence from customers of China's leading e-commerce company，Alibaba[J]. Journal of Systems and Software. 2013，86(8)：2034－2044.

[58] Benlian A, Koufaris M, Hess T. Service quality in software-as-a-service: developing the SaaS-Qual measure and examining its role in usage continuance[J]. Journal of management information systems. 2011, 28(3): 85—126.

[59] Bibi S, Katsaros D, Bozanis P. Business application acquisition: on-premise or SaaS-based solutions? [J]. Software, IEEE. 2012, 29(3): 86—93.

[60] Martens B, Teuteberg F. Decision-making in cloud computing environments: A cost and risk based approach[J]. Information Systems Frontiers. 2012, 14(4): 871—893.

[61] Xu X. From cloud computing to cloud manufacturing [J]. Robotics and computer-integrated manufacturing. 2012, 28(1): 75—86.

[62] Stuckenberg S, Fielt E, Loser T. The impact of software-as-a-service on business models of leading software vendors: experiences from three exploratory case studies [C]. Queensland University of Technology. 2011.

[63] Benlian A. Is traditional, open-source, or on-demand first choice? Developing an AHP-based framework for the comparison of different software models in office suites selection [J]. European Journal of Information Systems. 2011, 20(5): 542—559.

[64] Benlian A, Hess T. Opportunities and risks of software-as-a-service: Findings from a survey of IT executives[J]. Decision Support Systems. 2011, 52(1): 232—246.

[65] Limbăşan A, Rusu L. Implementing SaaS solution for CRM[J]. Informatica Economică. 2011, 15(2): 175—183.

[66] Wu W. Developing an explorative model for SaaS adoption[J]. Expert systems with applications. 2011, 38(12): 15057—15064.

［67］Limam N，Boutaba R. Assessing software service quality and trustworthiness at selection time[J]. Software Engineering，IEEE Transactions on. 2010，36(4)：559－574.

［68］Xin M，Levina N. Software-as-a service model：Elaborating client-side adoption factors[J]. 2008.

［69］Choudhary V. Comparison of software quality under perpetual licensing and software as a service[J]. Journal of Management Information Systems. 2007，24(2)：141－165.

［70］Susarla A，Barua A，Whinston A B. Understanding the service component of application service provision：empirical analysis of satisfaction with ASP services[J]. Mis Quarterly. 2003，27(1)：91－123.

［71］Jayatilaka B，Schwarz A，Hirschheim R. Determinants of ASP choice：an integrated perspective[J]. European Journal of information systems. 2003，12(3)：210－224.

［72］Kern T，Kreijger J，Willcocks L. Exploring ASP as sourcing strategy：theoretical perspectives，propositions for practice[J]. The Journal of Strategic Information Systems. 2002，11(2)：153－177.

［73］Loebbecke C，Huyskens C. What drives netsourcing decisions? An empirical analysis[J]. European Journal of Information Systems. 2006，15(4)：415－423.

［74］Fan M，Kumar S，Whinston A B. Short-term and long-term competition between providers of shrink-wrap software and software as a service[J]. European Journal of Operational Research. 2009，196(2)：661－671.

［75］Benlian A，Koufaris M，Hess T. Service quality in software-as-a-service：developing the SaaS-Qual measure and examining its role in usage continuance[J]. Journal of management information systems. 2011，28(3)：85－126.

[76] Benlian A，Hess T. Opportunities and risks of software-as-a-service：Findings from a survey of IT executives[J]. Decision Support Systems. 2011，52(1)：232−246.

[77] Godse M，Mulik S. An approach for selecting software-as-a-service (SaaS) product[C]. IEEE. 2009.

[78] Stuckenberg S，Fielt E，Loser T. The impact of software-as-a-service on business models of leading software vendors：experiences from three exploratory case studies [C]. Queensland University of Technology. 2011.

[79] Mousannif H，Khalil I，Kotsis G. Collaborative learning in the clouds[J]. Information Systems Frontiers. 2013，15 (2)：159−165.

[80] Catteddu D. Cloud Computing：benefits，risks and recommendations for information security[M]. Springer. 2010.

[81] 陈阳. 我国云计算产业存在的问题及对策[J]. 经济纵横. 2014(07)：43−46.

[82] 亚当·斯密. 国民财富的性质和原因的研究[M]. 中国社会出版社. 2000.

[83] 邹春燕. 国内外产业链理论研究概述[J]. 长江论坛. 2011(3)：53−56.

[84] 魏然. 产业链的理论渊源与研究现状综述 [J]. 技术经济与管理研究. 2010，6：24−29.

[85] 波特,李明轩,邱如美. 竞争优势[M]. 天下远见出版公司，1985.

[86] 刘贵富,赵英才. 产业链：内涵，特性及其表现形式[J]. 财经理论与实践. 2006，27(3)：114−117.

[87] 潘成云. 解读产业价值链——兼析我国新兴产业价值链基本特征[J]. 当代财经. 2001(09)：7−11.

[88] 王秀丽. 生态产业链运作机制研究 [D]. 天津大学，2007.

[89] 卜庆军，古赞歌，孙春晓. 基于企业核心竞争力的产业链整合模式研究[J]. 企业经济. 2006(02)：59—61.

[90] 赵红岩. 基于全球视角的区域产业链整合对策[J]. 社会科学. 2007(02)：16—21.

[91] 陈朝隆. 区域产业链构建研究[D]. 中山大学，2007.

[92] 张雷. 产业链纵向关系治理模式研究[D]. 复旦大学，2007.

[93] 于立宏,郁义鸿. 基于产业链效率的煤电纵向规制模式研究[J]. 中国工业经济. 2006(06)：5—13.

[94] 侯淑霞. 乳品产业链纵向组织关系优化整合的保障体系研究[J]. 中国流通经济. 2008(11)：32—34.

[95] 霸主. SAAS 产业链属性[J]. 信息系统工程. 2008(06)：31—33.

[96] 郭彦丽,严建援. SaaS 服务供应链的创新结构研究[J]. 商业时代. 2012(11)：30—32.

[97] 张权,张超,杨洵. SaaS 商业模式构建及创新策略研究[J]. 图书与情报. 2012(1)：109—113.

[98] 冯小宁. 信息技术变革下的 SaaS 生态系统研究[D]. 华南理工大学，2011.

[99] 黄桂梅. SaaS 的运营模式和定价策略研究[D]. 西安电子科技大学，2010.

[100] 陈波. 基于 SaaS 的软件服务链研究[D]. 武汉理工大学，2008.

[101] 周鸿. 生态系统与耗散结构[J]. 生态学杂志. 1989，8(4)：51—54.

[102] 哈肯著;郭治安译. 高等协同学[M]. 科学出版社. 1989.

[103] Ansoff H I, Mcdonnell E J. The new corporate strategy[M]. Wiley New York. 1988.

[104] Itami H，Roehl T W. Mobilizing invisible assets

[M]. Harvard University Press. 1991.

[105] 朱蕊. 基于价值网的物联网产业链协同研究 [D]. 南京邮电大学. 2012.

[106] 刘涛. 煤炭行业供应链协同网络模型构建与应用研究 [D]. 山东大学. 2008.

[107] 白列湖. 协同论与管理协同理论[J]. 甘肃社会科学. 2007(5)：228－230.

[108] Slywotzky A J. Value migration：How to think several moves ahead of the competition[M]. Harvard Business Press. 1996.

[109] 波维特·大卫,玛撒约瑟夫·R·柯克·克雷默. 价值网[M].人民邮电出版社. 2001.

[110] Kothandaraman P, Wilson D T. The future of competition：value-creating networks[J]. Industrial marketing management. 2001, 30(4)：379－389.

[111] Berger S, Sturgeon T, Kurz C, et al. Globalization, value networks and national models[C]. 1999.

[112] 李垣,刘益. 基于价值创造的价值网络管理(Ⅰ)：特点与形成[J]. 管理工程学报. 2001, 15(4)：38－41.

[113] 吴海平,宣国良. 价值链系统构造及其管理演进[J]. 外国经济与管理. 2003(03)：19－23.

[114] 陈泽明,芮明杰. 企业竞争优势的本源分析——同质生产要素使用价值量动态性[J]. 经济学家. 2006(04)：70－77.

[115] Fishbein M, Ajzen I. Belief, attitude, intention and behavior：An introduction to theory and research[M]. 1975.

[116] Ajzen I. The theory of planned behavior[J]. Organizational behavior and human decision processes. 1991, 50(2)：179－211.

[117] Davis F D, Bagozzi R P, Warshaw P R. User acceptance of computer technology：a comparison of two theoretical

models[J]. Management science. 1989，35(8)：982－1003.

[118] Rogers E M. Diffusion of innovations[M]. Simon and Schuster. 2010.

[119] Tornatzky L G，Fleischer M，Chakrabarti A K. Processes of technological innovation[J]. 1990.

[120] 周晓华,蔡淑琴. 基于创新扩散和制度理论的中小企业 ERP 采纳因素分析[J]. 商场现代化. 2009(10)：83－84.

[121] 王开明,万君康. 企业战略理论的新发展：资源基础理论[J]. 科技进步与对策. 2001，18(1)：131－132.

[122] Coase R H. The nature of the firm[J]. economica. 1937，4(16)：386－405.

[123] Wu W，Lan L W，Lee Y. Exploring decisive factors affecting an organization's SaaS adoption：A case study[J]. International Journal of Information Management. 2011，31(6)：556－563.

[124] Wu W. Developing an explorative model for SaaS adoption[J]. Expert Systems with Applications. 2011，38(12)：15057－15064.

[125] Wu W. Mining significant factors affecting the adoption of SaaS using the rough set approach[J]. Journal of Systems and Software. 2011，84(3)：435－441.

[126] Du J，Lu J，Wu D，et al. User acceptance of software as a service：Evidence from customers of China's leading e-commerce company，Alibaba[J]. Journal of Systems and Software. 2013，86(8)：2034－2044.

[127] Ferrari A，Rossignoli C，Mola L. Organizational factors as determinants of SaaS adoption[M]. Information Systems：Crossroads for Organization，Management，Accounting and Engineering，Springer. 2012：61－66.

[128] Benlian A，Hess T，Buxmann P. Drivers of SaaS-adop-

tion-an empirical study of different application types[J]. Business & Information Systems Engineering. 2009, 1(5): 357—369.

[129] Ferrari A, Rossignoli C, Zardini A. Enabling Factors for SaaS Business Intelligence Adoption: A Theoretical Framework Proposal [M]. Information Technology and Innovation Trends in Organizations, Springer. 2011, 355—361.

[130] Adelakun O, Kemper T. Software-as-a-Service Business Intelligence: Adoption Criteria and Business Value[J]. 2010.

[131] Rogers E M. Diffusion of innovations[M]. Simon and Schuster. 1983.

[132] Rogers E M. Diffusion of innovations[M]. Simon and Schuster. 2010.

[133] Tornatzky L G, Fleischer M. Processes of technological innovation[M]. Massachusetts. 1990.

[134] Sun W, Zhang K, Chen S, et al. Software as a service: An integration perspective[M]. Springer. 2007.

[135] Mazhelis O, Tyrväinen P. Economic aspects of hybrid cloud infrastructure: User organization perspective[J]. Information Systems Frontiers. 2012, 14(4): 845—869.

[136] Walterbusch M, Martens B, Teuteberg F. Evaluating cloud computing services from a total cost of ownership perspective [J]. Management Research Review. 2013, 36(6): 613—638.

[137] Chau P Y, Tam K Y. Factors affecting the adoption of open systems: an exploratory study[J]. Mis Quarterly. 1997: 1—24.

[138] Polan či čG, Heri čko M, Rozman I. An empirical examination of application frameworks success based on technology acceptance model[J]. Journal of Systems and Software. 2010, 83(4): 574—584.

[139] Oliveira T, Thomas M, Espadanal M. Assessing the determinants of cloud computing adoption: An analysis of the

manufacturing and services sectors[J]. Information & Management. 2014, 51(5): 497—510.

[140] Trigueros-Preciado S, Pérez-González D, Solana-González P. Cloud computing in industrial SMEs: identification of the barriers to its adoption and effects of its application[J]. Electronic Markets. 2013, 23(2): 105—114.

[141] Chong A Y, Ooi K, Lin B, et al. Factors affecting the adoption level of c-commerce: An empirical study[J]. Journal of Computer Information Systems. 2009, 50(2): 13.

[142] Tsai M, Lee W, Wu H. Determinants of RFID adoption intention: evidence from Taiwanese retail chains[J]. Information & Management. 2010, 47(5): 255—261.

[143] Zhu K, Kraemer K L, Xu S. The process of innovation assimilation by firms in different countries: a technology diffusion perspective on e-business[J]. Management science. 2006, 52(10): 1557—1576.

[144] Wu W. Mining significant factors affecting the adoption of SaaS using the rough set approach[J]. Journal of Systems and Software. 2011, 84(3): 435—441.

[145] Martens B, Teuteberg F. Decision-making in cloud computing environments: A cost and risk based approach[J]. Information Systems Frontiers. 2012, 14(4): 871—893.

[146] Kshetri N. Privacy and security issues in cloud computing: The role of institutions and institutional evolution[J]. Telecommunications Policy. 2013, 37(4): 372—386.

[147] López-Nicolás C, Molina-Castillo F J, Bouwman H. An assessment of advanced mobile services acceptance: Contributions from TAM and diffusion theory models[J]. Information & Management. 2008, 45(6): 359—364.

[148] Nkhoma M, Dang D. Contributing factors of cloud

computing adoption: a technology-organisation-environment framework approach[J]. International Journal of Information Systems and Engineering (IJISE). 2013, 1(1): 38—49.

[149] Low C, Chen Y, Wu M. Understanding the determinants of cloud computing adoption[J]. Industrial management & data systems. 2011, 111(7): 1006—1023.

[150] Abdollahzadehgan A, Gohary M M, Amini M. The Organizational Critical Success Factors for Adopting Cloud Computing in SMEs[J]. Journal of Information Systems Research and Innovation (JISRI). 2013, 4(1): 67—74.

[151] Wu Y, Cegielski C G, Hazen B T, et al. Cloud computing in support of supply chain information system infrastructure: understanding when to go to the cloud[J]. Journal of Supply Chain Management. 2013, 49(3): 25—41.

[152] Lin A, Chen N. Cloud computing as an innovation: Percepetion, attitude, and adoption[J]. International Journal of Information Management. 2012, 32(6): 533—540.

[153] Parasuaman A, Zeithaml V A, Malhotra A. ES-QUAL a multiple-item scale for assessing electronic service quality[J]. Journal of Service Research. 2005, 7(3): 213—233.

[154] Lee O, Wang M, Lim K H, et al. Knowledge management systems diffusion in Chinese enterprises: A multistage approach using the technology-organization-environment framework[J]. Journal of Global Information Management (JGIM). 2009, 17(1): 70—84.

[155] Gonzenbach I, Russ C, Vom Brocke J. Make or Buy? Factors that Impact the Adoption of Cloud Computing on the Content Level[M]. Enterprise Content Management in Information Systems Research, Springer. 2014: 145—161.

[156] Hsu P, Ray S, Li-Hsieh Y. Examining cloud compu-

ting adoption intention，pricing mechanism，and deployment model［J］. International Journal of Information Management. 2014，34(4)：474－488.

［157］Hsu P, Ray S, Li-Hsieh Y. Examining cloud computing adoption intention，pricing mechanism，and deployment model［J］. International Journal of Information Management. 2014，34(4)：474－488.

［158］Low C, Chen Y, Wu M. Understanding the determinants of cloud computing adoption［J］. Industrial Management & Data Systems. 2011，111(7)：1006－1023.

［159］Haag S. Organizational Inertia as Barrier to Firms' IT Adoption-Multidimensional Scale Development and Validation ［J］. 2014.

［160］Zhu K, Dong S, Xu S X, et al. Innovation diffusion in global contexts：determinants of post-adoption digital transformation of European companies［J］. European Journal of Information Systems. 2006，15(6)：601－616.

［161］Chwelos P, Benbasat I, Dexter A S. Research report：empirical test of an EDI adoption model［J］. Information systems research. 2001，12(3)：304－321.

［162］Premkumar G, Roberts M. Adoption of new information technologies in rural small businesses［J］. Omega. 1999，27(4)：467－484.

［163］Bhattacharya K. Interview with Douglas J. King on "The Impact of Virtualization and Cloud Computing on IT Service Management"［J］. Business & Information Systems Engineering. 2011，3(1)：49－56.

［164］Huang Z. Toward a deeper understanding of the adoption decision for interorganizational information systems (ios)：an investigation of internet edi (i-edi)［J］. 2003.

［165］Yu C，Tao Y．Understanding business-level innovation technology adoption［J］．Technovation．2009，29（2）：92－109．

［166］Thong J Y，Yap C．CEO characteristics，organizational characteristics and information technology adoption in small businesses［J］．Omega．1995，23（4）：429－442．

［167］Karahanna E，Straub D W，Chervany N L．Information technology adoption across time：a cross-sectional comparison of pre-adoption and post-adoption beliefs［J］．MIS quarterly．1999：183－213．

［168］Armbrust M，Fox O，Griffith R，et al．M．：Above the clouds：A Berkeley view of cloud computing［J］．2009．

［169］Gupta P，Seetharaman A，Raj J R．The usage and adoption of cloud computing by small and medium businesses［J］．International Journal of Information Management．2013，33（5）：861－874．

［170］Nohria N，Gulati R．What is the optimum amount of organizational slack?：A study of the relationship between slack and innovation in multinational firms［J］．European Management Journal．1997，15（6）：603－611．

［171］Premkumar G，Ramamurthy K．The Role of Interorganizational and Organizational Factors on the Decision Mode for Adoption of Interorganizational Systems［J］．Decision sciences．1995，26（3）：303－336．

［172］Yap C，Thong J Y，Raman K S．Effect of government incentives on computerisation in small business［J］．European Journal of Information Systems．1994，3（3）：191－206．

［173］Lippert S K，Govindarajulu C．Technological，organizational，and environmental antecedents to web services adoption［J］．Communications of the IIMA．2006，6（1）：146－158．

［174］Bouchard L．Decision Criteria in the Adoption of EDI

[J]. 1993.

[175] Parthasarathy M，Bhattacherjee A. Understanding post-adoption behavior in the context of online services[J]. Information Systems Research. 1998，9(4)：362−379.

[176] 熊筱熙. 中小企业对云计算服务的采纳影响因素实证研究[D]. 北京邮电大学. 2013.

[177] 余建英,何旭宏. 数据统计分析与 SPSS 应用[M]. 人民邮电出版社. 2003.

[178] 李达惠. 浅析 ASP 服务模式在中小企业信息化应用中的利与弊[J]. 才智. 2014，11：294.

[179] Leymann F，Roller D，Schmidt M. Web services and business process management[J]. IBM systems Journal. 2002，41(2)：198−211.

[180] Huiju S，Nan M，Zhigang W. SOA Programming Model—SCA/SDO[J]. Information Technology & Standardization. 2007，11：38−40.

[181] 吴家菊,刘刚,席传裕. 基于 Web 服务的面向服务(SOA) 架构研究[J]. 现代电子技术. 2005，28(14)：1−4.

[182] 宋凯,耿义良. 云存储技术[J]. 才智. 2010，4：57.

[183] 李秋红. 中国云计算技术开发的问题与对策研究[D]. 渤海大学. 2012.

[184] 程小燕. 我国公众知识产权意识现状及培育研究[D]. 华中师范大学. 2013.

[185] Gartner. 2010 年亚太 SaaS 投资将增加[J]. 通讯世界. 2010(06)：18.

[186] 王德禄. SaaS：商业模式的创新[J]. 企业研究报告. 2008(9)：F2.

[187] 唐建生,程国平. 供应链协同的内在动因和规模分析[J]. 西北农林科技大学学报（社会科学版）. 2005，5：9.

[188] 芮明杰,屈路,胡金星. 企业追求内部协同向外部协同

转变的动因分析[J]. 上海管理科学. 2005，27(3)：5－7.

[189] 楼高翔. 供应链技术创新协同研究[M]. 上海交通大学出版社. 2011.

[190] 郭菊颖. 浅谈政府该如何推动云计算产业的发展[J]. 经济视野. 2014，15(8)：364－366.

[191] 弗登博格，泰勒尔，凯，等. 博弈论[M]. 中国人民大学出版社. 2002.

[192] 埃瑞克. G. 费吕博顿，鲁道夫. 新制度经济学[M]. 上海财经大学出版社. 1998.

[193] 青木昌彦，黎安. 比较制度分析[M]. 上海远东出版社. 2001.

[194] Mckelvey R D, Page T. Status quo bias in bargaining：An extension of the Myerson-Satterthwaite theorem with an application to the Coase theorem[J]. Journal of Economic Theory. 2002，107(2)：336－355.

[195] Othman A, Sandholm T. How pervasive is the Myerson-Satterthwaite impossibility？[C]. 2009.

[196] Mcafee R P. Efficient allocation with continuous quantities[J]. Journal of Economic Theory. 1991，53(1)：51－74.

[197] 周永务，冉翠玲. 需求信息不对称下供需双方的博弈[J]. 系统工程与电子技术. 2006，28(1)：68－71.

[198] 张昕竹，陈志俊. 经济学论文的写作规范[J]. 数量经济技术经济研究. 2003，8：1.

[199] 黄晓龙. 全球失衡，流动性过剩与货币危机——基于非均衡国际货币体系的分析视角[J]. 金融研究. 2007(08A)：31－46.

[200] 田存志，赵鑫铖. 完全竞争市场的一般均衡计算[J]. 昆明理工大学学报（社会科学版）. 2010，10(6).

[201] Hurwicz L. On informationally decentralized systems[J]. Decision and organization. 1972.

[202] Roberts D J, Postlewaite A. The incentives for price-

taking behavior in large exchange economies[J]. Econometrica：Journal of the Econometric Society. 1976：115－127.

[203] Slywotzky A J，Morrison D J，Andelman B. The profit zone：How strategic business design will lead you to tomorrow's profits[M]. Random House LLC. 2007.

[204] Bovel D，Martha J. From supply chain to value net [J]. Journal of Business Strategy. 2000，21(4)：24－28.

[205] 张燕. 价值网——一种新的战略思维组合[J]. 价值工程. 2002(2)：14－17.

[206] Parolini C. The value net：a tool for competitive strategy[M]. Wiley Chichester. 1999.

[207] Fang Z，Chen J，Yi M，et al. Cloud computing business model based on value net theory[J]. Computer Society. 2010：462－469.

[208] 董爽,梁雄健. 基于价值网的电信商业模式研究[M]. 北京邮电大学出版社. 2010.

[209] 张向国,吴应良. 移动商务价值网商业模式与运营机制研究[J]. 软科学. 2006，19(6)：34－37.

[210] Bovet D，Martha J. Value nets：breaking the supply chain to unlock hidden profits[M]. John Wiley & Sons. 2000.

[211] Amit R，Zott C. Value creation in e-business[J]. Strategic management journal. 2001，22(6－7)：493－520.

[212] 杜义飞,李仕明. 产业价值链：价值战略的创新形式 [J]. 科学学研究. 2004，22(5)：552－556.

[213] 吴金明,邵昶. 产业链形成机制研究——"4＋4＋4" 模型[J]. 中国工业经济. 2006(4)：36－43.

[214] 王海峰. 中国 TD-SCDMA 产业内企业间协同效应研究[D]. 哈尔滨工程大学，2010.

[215] Nassif A B，Capretz M A. Moving from SaaS Applications towards SOA Services[C]. 2010.

[216] 刘慧波,黄祖辉. 产业链协同整合实证研究——一个循环经济的视角[J]. 技术经济. 2007,26(9):24—26.

[217] 张翠华,周红,赵淼,等. 供应链协同绩效评价及其应用 [J]. 东北大学学报(自然科学版). 2006,27(6):706—708.

[218] 郭金玉,张忠彬,孙庆云. 层次分析法的研究与应用 [J]. 中国安全科学学报. 2008,18(5):148—153.

[219] 房秉毅,张云勇,陈清金. 云计算环境下统一 SaaS 平台[J]. 电信网技术. 2011(5):15—18.

[220] 蔡鹏飞. 中国云计算产业发展研究[J]. 经济研究导刊. 2013(17):66—69.

[221] 朱涵钰. 大型企业用户 SaaS 服务采纳中面临的挑战研究[J]. 北京邮电大学学报(社会科学版). 2014(5):94—98.

[222] 张树军,吕茜. 云计算技术探讨[J]. 计算机安全. 2011(02):50—52.

[223] 范晓晖,赵立君. SaaS 技术的发展和演进[J]. 现代电信科技. 2007(12):46—48.

[224] 王喜文. 工业和信息化部国际经济技术合作中心[J]. 物联网技术. 2014(3):4—5.

[225] 陆建伟. 云计算网络资源调度难点分析及解决方案 [J]. 科技信息. 2011(15):100—101.

[226] 黄海. 北京致力领跑中国云计算产业[J]. 中国新通信. 2011(21):40—41.

[227] 沙磊. 借"祥云工程"北京打造世界级云计算城市[J]. 中关村. 2010(08):36—37.

[228] 北京市经济和信息化委员会网站.《北京市大数据和云计算发展行动计划(2016—2020 年)》解读[Z]. 2016:2016.

[229] 卞彬,彭静. 完善重庆云计算产业园区的思考与建议 [J]. 重庆行政(公共论坛). 2013(06):75—78.

[230] 新华网重庆频道. 两江国际云计算中心暨中国国际电子商务中心重庆数据产业园开建 [Z]. 2011:2016.

[231] 姜红德. 重庆:拥抱互联网＋时代[J]. 中国信息化. 2015(04):45－47.

[232] 重庆日报. 重庆云计算基地今年实现 5 万台服务器运行[Z]. 2012:2016.

[233] 两江新区官网. 重庆云计算公司:大数据项目总投资超 300 亿元[Z]. 2015:2016.

[234] 重庆晚报数字报. 重庆致力于打造云计算全产业链[Z]. 2013:2013.

[235] 卞彬. 云计算特征与重庆云计算产业链整合研究[J]. 探索. 2012(01):104－109.

[236] 张诚,郭毅,周鹏. 抓住机遇再上台阶——重庆邮电大学布局物联网、云计算战略[J]. 数字通信. 2011(02):2－4.

[237] 中国外包网. 重庆市云计算、大数据和物联网产业初具规模[Z]. 2015.

[238] 张大卫. 郑州航空港经济综合实验区——经济全球化时代推动发展方式转变的探索与实践[J]. 区域经济评论. 2013(3):5－15.

[239] 国务院. 国务院关于支持河南省加快建设中原经济区的指导意见[Z]. 2011.

[240] Bennett K, Munro M, Gold N, et al. An Architectural Model for Service-Based Software with Ultra Rapid Evolution[J]. 2001:292－300.

[241] Gonçalves V, Ballon P. Adding value to the network:Mobile operators' experiments with Software-as-a-Service and Platform-as-a-Service models[J]. Telematics & Informatics. 2011, 28(1):12－21.

[242] 曹薇,张乃洲,Caowei,等. 企业 SaaS 应用分析[J]. 计算机时代. 2010(2):63－64.

[243] Lee J N, Huynh M Q, Chi-Wai K R, et al. The Evolution of Outsourcing Research:What is the Next Issue? [C]. 2000.

[244] Lee J N, Huynh M Q, Kwok C W, et al. IT outsourcing evolution: past, present, and future[J]. Communications of the Acm. 2003, 46(5): 84—89.

[245] Feeny D F, Willcocks L P. Core IS Capabilities for Exploiting Information Technology[J]. Sloan Management Review. 1998, 39(3): 9—21.

[246] Janssen M, Joha A. Motives for establishing shared service centers in public administrations[J]. International Journal of Information Management. 2006, 26(2): 102—115.